NURWASICHMAG.DE

nur was ich mag

LEBEN KANN SO EINFACH SEIN

von Sissi Kandziora

1. Auflage
Deutsche Erstausgabe Mai 2017

Die Deutsche Nationalbibliothek verzeichnet diese
Publikation in der Deutschen Nationalbibliografie;
detaillierte bibliografische Daten sind im Internet über
http://dnb.dnb.de abrufbar.

© 2017 Sissi Kandziora

Layout, Illustration, Bild und Design
Sissi Kandziora – leuchtquelle.de
Blarerstraße 56, 78462 Konstanz
youtube.de/typischsissi

Alle Rechte, insbesondere das Recht der Vervielfältigung
und Verbreitung sowie der Übersetzung, vorbehalten.

Herstellung und Verlag:
BoD – Books on Demand, Norderstedt

ISBN: 978-3-7431-9138-9

INHALTSVERZEICHNIS

VORWORT	7
WAS IST **#NURWASICHMAG**?	11
WENN ALLES ZU VIEL IST	19
AUSLÖSER	25
WARUM AUSSORTIEREN?	43
EINFACHE HELFER	51
#NURWASICHMAG METHODE	77
#NURWASICHMAG CHALLENGE	101
DAS KANN SOFORT WEG	149
GIBT'S NOCH MEHR?	157
ÜBER MICH	162
VORHER-NACHHER	164
DANKE	178

KAPITEL

1

vorwort

VORWORT

Hallo, mein Name ist Sissi Kandziora und mit 27 Jahren beschäftigte ich mich zum ersten Mal richtig mit dem Thema Aussortieren und Ausmisten. Zuvor habe ich nur schwache Versuche gestartet, da es im Elternhaus immer genug Platz gab, um alles zu verstauen. Auch während ich dieses Buch schreibe, befinden sich bei meiner Familie noch Kisten im Keller, auf dem Dachboden, im Schopf und in der Garage. Da muss ich definitiv als nächstes dran.

2013 wurde mir klar, dass es so einfach nicht mehr weiter gehen konnte. Ich fühlte mich erdrückt, belastet und unkonzentriert. Zudem kam ich nie zur Ruhe und wollte aus meinem Chaos entfliehen. Egal wie viel ich aufräumte, es war einfach nie ordentlich. Das lag schlichtweg daran, dass ich zu viele Dinge besaß, die ich eigentlich nicht mal richtig mochte. Es hat noch zwei weitere Jahre gedauert bis ich bereit war mein Leben komplett umzukrempeln.

Shopping zählte bis zu diesem Zeitpunkt zu meinen absoluten Lieblingsbeschäftigungen und ich würde von mir behaupten, dass ich shoppingsüchtig war. Ich habe zwar finanziell nie über meine Verhältnisse gelebt, aber mein Platz wurde bis in den letzten Winkel ausgereizt. Die Sucht hat sich weiter verstärkt, als ich nach meiner Grafik Design Ausbildung und während des Medienstudiums meinen eigenen YouTube Kanal »TypischSissi« aufbaute. Die sogenannten HAULs, bei denen man seine Shoppingausbeute präsentiert, motivierten mich zusätzlich jede Woche neue Tüten nach Hause zu bringen.

Wenn ich daran zurückdenke, kann ich die erdrückende Schwere noch spüren und ich bin wirklich sehr froh, dass ich für mich einen Ausweg gefunden habe.

Im Januar 2015 startete ich mit meiner Videoreihe **#NURWASICHMAG** auf YouTube, in der wir Stück für Stück all meine Sachen gemeinsam aussortieren und ich nur behalte, was ich wirklich mag. Tausende von Zuschauern schlossen sich dem Motto unmittelbar an und teilten ihre Ergebnisse bereits über den entsprechenden Hashtag per Social Media. Das Gefühl, Menschen von meinem Weg in Richtung eines leichteren Lebens so zu begeistern, ist wirklich unbeschreiblich.

Anderen beim Aussortieren zuzusehen motiviert mich selbst enorm und ich liebe es solche Videos zu drehen. Dennoch finde ich Bücher überaus hilfreich, da ich mich so noch viel intensiver mit einem Thema beschäftige. Deshalb habe ich mich dazu entschlossen, meinen persönlichen Weg und meine Hilfsmittel für dich festzuhalten.

In diesem Buch findest du die Hintergründe über den Drang nach »mehr«, die Auswirkungen auf dein Leben, die praktische **#NURWASICHMAG** Methode mit passender Challenge sowie einige meiner ganz persönlichen Erfahrungen, die ich mit diesem Thema gemacht habe.

Lass uns direkt starten und dein Heim gemeinsam auf den Kopf stellen. Keine Sorge – das klingt vielleicht schlimmer, als es tatsächlich ist. Denn wir erschaffen dadurch zusammen dein ganz persönliches Reich, in dem du dich wohl fühlst, produktiv sein kannst, zur Ruhe kommst und in dem sich nur Dinge befinden, die du wirklich magst.

Ich bin so gespannt auf deine Geschichte mit diesem Buch und würde mich wirklich sehr freuen, wenn du mich und andere daran teilhaben lässt. Wir haben eine gemeinsame Webseite, wo wir uns austauschen und gegenseitig motivieren können. Natürlich kannst du mir dort auch gerne eine E-Mail schreiben!

Außerdem findest du auf der Webseite Vorher-Nachher-Bilder sowie die **#NURWASICHMAG** Videoplaylist.

(nurwasichmag.de)

Viel Spaß und alles Liebe.

KAPITEL

2

was ist #nurwasichmag

WAS IST **#NURWASICHMAG**?

Im Alltag begegnen wir unzähligen Dingen, mit denen wir uns entweder freiwillig oder auch unfreiwillig beschäftigen. Angefangen bei der Zahnbürste am Morgen, über die Kleidung im Schrank bis hin zu dem Papierchaos auf dem Schreibtisch. Jeden Tag befassen wir uns mit Hunderten von Kleinigkeiten, die uns Freude bereiten, nützen, aufregen oder einfach nur aufhalten.

Wenn man dabei bedenkt, dass jeder noch so kleine Besitz im eigenen Kopf gespeichert ist, wirkt die Masse oftmals erdrückend, ermüdend oder gar belastend. Natürlich kann man vieles in Schränken und Aufbewahrungssystemen verbergen, aber wenn man eine Schublade öffnet, erinnert man sich meistens auch nach langer Zeit noch an den kleinsten Krempel. Somit nehmen alle diese Dinge dauerhaft einen Speicherort in unserem Gedächtnis in Anspruch.

Vielleicht kennst du die Situation, dass du eigentlich etwas Wichtiges erledigen solltest und dir dann genau in diesem Moment eine Ecke einfällt, die dringend wieder aufgeräumt werden müsste. Besonders wenn es Dinge zu erledigen gilt, werden wir häufig zu waren Putzteufeln.

Die Aktion dient als willkommene Ausrede, um sich vor der eigentlichen Arbeit zu drücken. Dennoch wird hier deutlich, dass wir die Informationen über unseren Besitz ständig abrufen können. Dadurch fordern all diese Dinge einen enormen Energieaufwand in unserem Alltag ein. Unordnung sorgt somit für einen verstopften Gedankenfluss.

Bereiten wir uns auf den entsprechenden Aufräumprozess nicht ausreichend vor und gehen wahllos an die Arbeit, erreichen wir allerdings eher unwahrscheinlich das gewünschte Ergebnis. Durch das unstrukturierte Vorgehen sieht man keine großen Fortschritte, da man häufig von Raum zu Raum wirbelt oder Dinge einfach nur in Schränke stopft, weil sie keinen richtigen Platz haben. Das sorgt dann natürlich langfristig für Frust und verhindert so einen effektiven und erfüllten Alltag.

---

*Chaos in der Wohnung
sorgt für Chaos im Kopf.*

Wenn wir Besuch erwarten, schauen sich viele in ihrem Wohnraum um und wägen ab, ob der Zustand so vorzeigbar ist. Häufig müssen wir zumindest abstauben, das Bett machen und die Küche wischen. Solche Erledigungen wären eigentlich schnell gemacht, wenn da nicht so viel Krempel herumliegen würde. Kurz durchputzen wird daher zum großen Akt, da erst alles aufgeräumt werden muss. Nur wohin mit dem ganzen Zeug?

Die Unordnung kommt nicht selten daher, dass Dinge keinen festen und ausreichend geräumigen Platz haben. Somit wird in kurzer Zeit alles notgedrungen in die Schubladen und Schränke verfrachtet, ohne darüber nachzudenken, ob dies ein dauerhafter und sinnvoller Aufbewahrungsort dafür ist. Am nächsten Tag sieht es deshalb schnell wieder aus wie zuvor.

Dinge brauchen einen zugewiesenen Platz, damit man sie nach ihrem Gebrauch dort hin zurück räumen kann. Sonst ist die tägliche Unordnung vorprogrammiert. Wenn sich nämlich kein dauerhaftes Ergebnis einstellt, bekommt man das Gefühl, dass jegliche Saubermachaktion völlig aussichtslos ist und das kann wirklich kräftezehrend sein.

Das Grundproblem solcher Situationen besteht darin, dass unnützes und ungeliebtes Zeug den Platz für die wertvollen Schätze besetzt. Diese Dinge sind einfach nur da, geben uns keinen Mehrwert und gefallen uns vielleicht sogar nicht mal mehr. Man sieht dadurch auch häufig bekanntermaßen den Wald vor lauter Bäumen nicht mehr. Das führt unter anderem dazu, dass wir auch unsere geliebten Gegenstände nicht wirklich genießen können, weil der ganze Kram drum herum den Glanz trübt.

So kann es passieren, dass man denkt, man hätte nichts anzuziehen, obwohl der Kleiderschrank fast platzt. Dokumente verschwinden auf seltsame Weise und Dinge werden doppelt gekauft, weil man gar nicht mehr weiß, dass etwas ähnliches bereits zu Hause liegt. So viel zu dem Chaosproblem.

Was wäre nun aber, wenn du dir von all deinen Sachen deine absoluten Lieblinge aussuchen dürftest und sich der Rest einfach in Luft auflösen oder gar noch ein paar Euro abwerfen würde? Jetzt kommt die gute Nachricht! Ja, man darf sich von dem unnötigen Ballast befreien und so Platz, Luft und Zeit schaffen, um einfach zu leben.

*Der Krempel kann weg,
denn ich behalte* **#NURWASICHMAG***!*

#NURWASICHMAG ist eine einfache Methode, um den Alltag leichter zu machen. So umgeben wir uns nur noch mit Dingen, die uns Freude bereiten, die wir brauchen und die unser Leben erleichtern. Alles, was uns nichts gibt, kann weg. So haben wir genug Raum für unsere Schätze, unsere Gedanken und unser Leben.

Es geht bei dieser Methode darum sich selbst besser kennenzulernen, die eigenen Vorlieben freizulegen, die bestehenden Bedürfnisse besser zu erfüllen und Wünschen nachzugeben. Du kannst deinen Alltag und dein Umfeld so gestalten, wie es dir persönlich gut tut.

Das eigene Heim muss niemanden sonst beeindrucken oder zufriedenstellen, als dich und deine Mitbewohner. Behalte deshalb nichts, wovon du denkst, dass es von dir erwartet wird und verbanne nichts, was du liebst, nur weil es dir vor anderen eventuell peinlich sein könnte.

#NURWASICHMAG gibt dir einfache Werkzeuge an die Hand, damit du dir Schritt für Schritt deinen ganz persönlichen Wohlfühlort erschaffen kannst. So wird dein Wohnraum deine Persönlichkeit widerspiegeln, dich nicht aufhalten und dir Ruhe schenken. Dadurch hast du mehr Freizeit, weniger Arbeit daheim und mehr Spaß am Leben.

MINIMALISTISCH(ER)

Wenn man sich mit den Themen Aufräumen und Ausmisten beschäftigt, stößt man früher oder später auf den Begriff Minimalismus. Dieser Lebensstil hat verschiedene Auslegungen und Stufen der Umsetzung. Angefangen bei der Reduktion auf Nützliches und Dinge, die Freude spenden bis hin zur Selbstversorgung durch Verzicht auf alles, was nicht zwingend zum Überleben beiträgt. Der minimalistische Lebensstil stellt einen Kontrast zur Massenproduktion und der Konsumgesellschaft dar.

Viele denken bei Minimalismus möglicherweise auch an leere und sterile Räume ohne Farben oder gar Dekoration. Rein funktionale Elemente bestimmen die Gestaltung und emotionaler Schnickschnack hat da nichts zu suchen. Das mag für manche perfekt sein und andere behalten lieber etwas mehr.

Minimalismus umfasst ein breites Spektrum an Ausprägungen. Dabei ist es jedem selbst überlassen, wie weit er gehen möchte, um zufrieden zu sein. Wichtig ist, dass man für sich selbst entscheidet, was dem eigenen Empfinden gut tut. Es geht dabei darum den Blick für das Wesentliche freizulegen und bewusst zu leben.

Wenn es derart viele Auslegungen gibt, bietet das natürlich aber auch immer Raum für Extreme. Manche machen geradezu einen Wettbewerb daraus, wer das Meiste aussortiert und die wenigsten Dinge besitzt, als würde man dadurch zu einem besseren Menschen.

Besinne dich auf deine eigenen Bedürfnisse und orientiere dich daran. Nur weil andere ihren Besitz auf einen Hauch von Nichts reduzieren möchten, muss es nicht zwangsläufig auch das Richtige für dich sein.

Es gibt eben nicht nur schwarz und weiß, sondern auch viele Facetten und Abstufungen. Jetzt finden wir mit der **#NURWASICHMAG** Methode deinen ganz persönlichen Farbton dazwischen.

Der Weg des Minimalismus ist eine Reise, bei der man an jedem wunderschönen Ort aussteigen und ihn genießen kann.

Was geht dir durch den Kopf?

Schreibe, male, kritzle oder klebe hier deine Gedanken und Hoffnungen für dein persönliches **#NURWASICHMAG** Projekt hin.

KAPITEL

3

wenn alles zu viel ist

WENN ALLES ZU VIEL IST

Es gibt Momente, in denen ist einem alles zu viel. Aufgaben, Beziehungen, Berufliches oder der Alltag im Allgemeinen können manchmal sehr erdrückend sein. Das Chaos im Kopf ist dabei oftmals ein Verstärker oder gar der Auslöser für die Überforderung.

ERDRÜCKENDE SCHWERE

Das Gefühl, dass einen alles erdrückt und kein Raum für klare Gedanken mehr bleibt, ist oftmals niederschmetternd und man neigt zur Prokrastination. Man möchte die alltäglichen Aufgaben erledigen, aber man kommt nicht vom Fleck, weil man sich in unterschiedliche Richtungen gezerrt fühlt. Am Ende bleibt man stehen, weil der Weg aussichtslos erscheint.

Denkst du bei der Arbeit bereits an das, was dich daheim erwartet oder sind schon die Schubladen im Büro ungewisse Tiefen, bei denen du erst gar nicht nachsehen möchtest, was darin lauert? Willst du deine Schränke am liebsten gar nicht erst öffnen, weil sich die Massen darin wie Lawinen darauf vorbereiten sich vor dir auszubreiten?

Schau dich am Ort deiner »mir-ist-alles-zu-viel-Situation« einmal um. Siehst du eine ruhige und ausgeglichene Umgebung oder verstecken sich Krimskrams und ungeliebte Gegenstände davor, von dir entdeckt zu werden?

Unsere Umgebung hat einen großen Einfluss auf unseren Alltag. Sie drängt uns in gewisse Verhaltensmuster und wirkt sich auch auf unsere Stimmung aus. Deshalb ist es um so wichtiger, dass wir uns einen Raum schaffen, der uns weder ablenkt, noch aufhält. Mit **#NURWASICHMAG** erschaffen wir unser eigenes Reich, in dem wir zufrieden, produktiv und glücklich sein können.

STÄNDIGE UNRUHE

Alles, was wir besitzen, ist in unserem Kopf gespeichert. Dabei gibt es eine individuelle Wohlfühl-Menge, die wir gut ertragen können und die uns sogar glücklich machen kann. In der heutigen Konsumgesellschaft, in der alles so einfach und schnell zu beschaffen ist, neigen wir allerdings dazu diese Grenze oftmals zu überschreiten.

Logischerweise reicht der reguläre Platz in der Wohnung dann irgendwann nicht mehr aus. Neue Möbel schaffen wieder Platz und mit der richtigen Verschachtelungstechnik, lässt sich alles in die Aufbewahrungsmöglichkeiten hinein stopfen. So scheint es oberflächlich betrachtet sauber und aufgeräumt.

Warum entsteht dann dennoch ein Gefühl von ständiger Unruhe und warum fühlt es sich so an, als würde man beim Aufräumen nie zu einem Ende kommen? Ganz einfach, wir haben unsere ganz persönliche Wohlfühl-Grenze überschritten.

Wir wissen, was wir alles in unseren Schränken begraben haben und unser Gewissen plagt uns unterbewusst damit, dass all diese Dinge verschwenderisch vor sich hin gammeln, anstatt uns zu erfreuen. Somit lenken uns selbst »unsichtbare« Dinge in Schubladen vom Wesentlichen ab und dieser Grad an Überfluss sorgt somit für ständige innere Unruhe.

Häufig hat man in einer überfüllten Umgebung das Gefühl, dass man nicht mehr klar denken kann und sucht sich daher einen ruhigen Platz zum Arbeiten und Entspannen. Manche gehen dazu zum Beispiel in ein gemietetes Büro oder in ein Café – ein Ort an dem nur Dinge sind, die uns nicht stören. So flüchtet man vor der Unruhe des eigenen Heims und das, obwohl dies eigentlich unsere Quelle der Entspannung und Produktivität sein sollte.

Egal ob in der Stadt, im Büro oder bei Freunden, die Zeit außerhalb unseres Heims ist kostbar, wichtig und kann für Abwechslung sorgen. Diese Erlebnisse können allerdings nicht das Wohlgefühl eines Heims ersetzen, denn auch diese Eindrücke sollten in Ruhe verarbeitet werden.

Mir persönlich ist der große Unterschied der Erholung meistens in Hotels während des Urlaubs bewusst geworden. Reisen ist generell etwas sehr Schönes, aber auch der Tapetenwechsel tut mir persönlich immer sehr gut, da ich dadurch innerlich zur Ruhe kommen kann.

Das liegt unter anderem daran, dass Hotelzimmer oftmals recht zweckmäßig mit schlichter Deko ausgestattet sind und man dadurch einen frischen und klaren Raum betritt.

Darin landen dann üblicherweise nur Lieblingsteile, die es in den Koffer geschafft haben und somit ist dieser Raum frei von unnötigem Ballast. Hier lauern keine ungeliebten Gegenstände unter dem Bett, die uns ermahnen, dass man sie benutzen sollte. Das macht es so unglaublich stressfrei.

Der Körper braucht einfach einen Ort der Ruhe, um wieder Energie für den Alltag tanken zu können und den sollten wir uns selbst auch daheim gönnen.

Schaffe dir Raum, um dich frei zu bewegen.

Wie sieht deine Wohlfühloase aus?

Was fühlt sich für dich besonders gut an und was ist dir an einem Ort der Entspannung besonders wichtig?

KAPITEL

4

auslöser

AUSLÖSER

Für Chaos, räumliche Belastung oder schlichte Unordnung gibt es immer einen Auslöser und den wollen wir finden. So bekämpfen wir am Ende nicht nur die Auswirkungen, sondern packen den Unruhestifter direkt bei der Wurzel.

Es macht wenig Sinn immer wieder aufzuräumen und auszusortieren, wenn man ständig für Nachschub sorgt. Das können wir nur verhindern, wenn wir uns selbst besser kennenlernen, um zu realisieren, was wir wirklich brauchen.

Natürlich müssen die nachfolgenden Auslöser nicht alle auf dich zutreffen. Vielleicht findest du dich aber auch direkt in mehreren Bereichen wieder. Ich persönlich zum Beispiel kenne die meisten dieser Ursachen sehr gut und habe gelernt damit umzugehen.

Viel Spaß auf der Entdeckungsreise!

- » Psychische Hintergründe
- » Erziehung
- » Einfache Verfügbarkeit
- » Zu viel Platz
- » Altlasten
- » Geschenke & Erbe
- » Beziehung
- » Werbung
- » Social Media

PSYCHISCHE HINTERGRÜNDE

Man kann nicht alles auf die Psyche schieben, aber dennoch mag das Problem genau hier begraben liegen. Der Verstand spielt uns dabei manchmal einen Streich, aber wenn wir uns selbst durchschauen, können wir daran arbeiten.

Selbstwertgefühl

Manchmal denken wir, dass wir nicht gut genug sind. Das kann sich zum Beispiel auf Äußerlichkeiten, unser Verhalten oder auch auf unsere Leistung beziehen. Dadurch fühlen wir uns unwohl in unserer Haut.

Wir merken in solch einer Situation oftmals nicht sofort, dass wir uns selbst im Weg stehen. Stattdessen versuchen wir uns möglicherweise von außen zu optimieren. Oberflächlich betrachtet wollen wir unser Erscheinungsbild verbessern, weil wir psychisch noch nicht in der Lage sind unser Verhalten zu ändern oder uns einzugestehen, dass wir uns akzeptieren dürfen, so wie wir sind.

Du brauchst keine engen Jeans oder vielversprechenden Lotionen, um attraktiver und jünger auszusehen. Trends kommen und gehen und du musst kein Teil davon sein, denn auch wenn du immer mehr kaufst und alles mit den passenden Schuhen und Accessoires ergänzt, wird es nichts an dir als Person verändern. Weder Freunde, Zuneigung oder echte Anerkennung lassen sich mit Äußerlichkeiten erzwingen. Natürlich hilft dir ein gepflegtes Erscheinungsbild dabei von deiner Umgebung neutral wahrgenommen zu werden. Überzeugen kannst du allerdings vor allem mit deiner Persönlichkeit!

Umso mehr man mit Äußerlichkeiten versucht jemand zu sein, der man nicht ist, desto mehr entfernt man sich von sich selbst. Mit **#NURWASICHMAG** lernen wir wieder auf unsere eigene Stimme zu hören, damit wir uns mit Dingen umgeben können, die uns wirklich etwas bedeuten.

Auch ich habe mir in meiner ganzen Jugend und bis ins Erwachsenenalter Kleidungsstücke gekauft, die ich an anderen wundervoll fand. Ich wollte mich genauso schön, beliebt, sportlich oder elegant fühlen. Am Ende habe ich diese Sachen allerdings kaum getragen, weil sie für mich wie eine Verkleidung waren. Jetzt wo ich mir zugestehe nur noch das zu tragen, was ich wirklich an mir mag, fühlt sich das sehr befreiend an. Dadurch wurde mir klar, dass ich nicht von Kleidungsstücken abhängig bin, sondern dass sie meine Persönlichkeit lediglich unterstreichen dürfen.

Defizite

Oftmals versucht man mit materiellen Dingen emotionale Defizite auszugleichen. Wenn man sich zum Beispiel mehr Zuneigung von einem bestimmten Menschen wünscht, die man aus welchen Gründen auch immer nicht ausreichend bekommt, versucht man manchmal diese Lücke mit einem Ersatz zu füllen. So kauft man sich eventuell selbst Belohnungen, um ein Gefühl von Zuneigung zu erzeugen.

Befriedigend ist das allerdings meist auf Dauer nicht, weil es eben nicht das ist, was man eigentlich braucht. Um dir über deine Wünsche und unerfüllten Bedürfnisse klar zu werden, solltest du deine Gedanken einmal aufschreiben. Das kann in Form einer Liste erfolgen oder auch über einen guten alten Tagebucheintrag. Nimm dir dafür Zeit und notiere ganz offen, was dich derzeit belastet, was dir fehlt und was du gerne möchtest. Niemand wird es lesen. Beschreibe deshalb ehrlich und detailliert, wie es dir geht.

Wenn du deine Wünsche kennst, kannst du sie in Ziele umformulieren und darauf hinarbeiten. Dadurch brauchst du wahrscheinlich keine Ersatzhandlungen mehr. Nicht nur dein Heim kann verändert werden, sondern auch dein Alltag, deine Einstellung und dein Leben.

Sucht

Wenn man Shopping als Hobby oder gar als Sportart bezeichnet, klingt das im ersten Moment ganz amüsant. Ein eigentlich nützlicher Vorgang wird dabei zu einer unnötig regelmäßigen Handlung, die zur Gewohnheit wird. Man hat das Gefühl, man muss auf Beutezug gehen, obwohl man objektiv betrachtet meistens gar keinen Bedarf hat.

Niemand braucht jede Woche neue Kleidung, Schuhe, Elektronik, Schreibkram oder andere alltägliche Gegenstände. Dennoch verlangt eine innere Stimme immer wieder danach. Natürlich kann solch eine Shoppingsucht unterschiedliche Ausmaße annehmen. So unterscheiden sich die

Fälle nicht nur in ihrer Regelmäßigkeit, sondern auch im Umfang der Anschaffungen und ebenso in den Kosten.

Bei dieser Form der Sucht geht es häufig rein um die Aktion und den Moment des Kaufs. Die Freude an der Neuanschaffung hält allerdings nicht unbedingt lange an, weil man bereits auf der Suche nach der nächsten Beute ist. Hinzu kommt oftmals das schlechte Gewissen, weil man sich selbst nicht im Griff hat. Das kann wiederum dazu führen, dass man erneut einkaufen geht, um der schlechten Laune mit einem frischen Hochgefühl entgegenzuwirken.

Die Gründe für solch eine Sucht können natürlich ganz unterschiedlich sein. Vielleicht war ein emotionales Defizit oder ein mangelndes Selbstwertgefühl der ursprüngliche Auslöser. Möglicherweise sitzt das Problem auch wesentlich tiefer.

Wenn du dich von einer derartigen Sucht lösen möchtest, kannst du gerne eine Methode ausprobieren, die sich für mich bewährt hat. Dazu habe ich mich einer persönlichen Challenge gestellt, indem ich die »Droge« Shopping mit meinem Abnehmziel verknüpft habe. Zu dem Zeitpunkt wollte ich nämlich zurück zu meinem Normalgewicht. So lautete meine Challenge – kaufe nichts, bis du das Gewicht erreicht hast. Dafür brauchte ich mit gesunder Ernährung und Sport am Ende drei Monate. Das war ein guter Zeitraum, um mit meiner Sucht zu brechen. Natürlich kannst du dir selbst auch andere Ziele setzen.

Solltest du es nicht aus eigener Kraft schaffen mit dem übermäßigen Konsum aufzuhören, würde ich dir in jedem Fall empfehlen mit anderen darüber zu sprechen. Eine mögliche Anlaufstelle neben Familienmitgliedern und Freunden wäre beispielsweise auch dein Hausarzt, der dich gegebenenfalls an entsprechende Stellen überweisen kann. Das kann dir wirklich dabei helfen, dein Leben so zu gestalten, wie es dich glücklich macht.

Gewohnheit & Langeweile

Shopping ist manchmal eine willkommene Ablenkung und ein abwechslungsreicher Zeitvertreib. Allerdings kann sich daraus auch eine Gewohnheit entwickeln.

Mich persönlich hat es lange Zeit jede Woche mindestens ein Mal in die Stadt gezogen. Ursprünglich war es ein Ausgleich zu meinem damaligen Job, der mich nicht erfüllte. Ich war ständig auf der Suche nach neuen Produkten, um mich abzulenken. Ich kannte das Sortiment einiger Geschäfte dadurch fast besser als manche Mitarbeiter. Die Beutezüge gehörten nach einer Weile fest zu meiner Wochenplanung, weil ich daraus eine Gewohnheit entwickelt hatte. Das heißt, dass ich auch trotz toller Projekte bei der Arbeit immer aufs Neue losgezogen bin. Dieses »Hobby« hat mir nicht nur meine Zeit, sondern auch Geld und meinen Platz geraubt.

Wenn wir schon beim Thema Zeit sind, muss man die natürlich erst mal haben. Deshalb verführt der Faktor Langeweile auch gerne zu unnötigen Shoppingausflügen.

Wer gelangweilt durch die Stadt schlendert, weil der Arzttermin erst in einer Stunde ist oder auf der Couch entspannt im Internet surft, kann schnell dazu verleitet werden, durch die neusten Teile der Saison zu stöbern. So entdeckt man oftmals Dinge, von denen man nicht mal wusste, dass man sie brauchen könnte.

Ängste

Häufig sorgt die Verlustangst dafür, dass wir uns von Dingen nicht trennen können. Die innere Stimme sät Zweifel, ob wir in Zukunft ohne die Sache auskommen werden. Außerdem hat man sich vielleicht auch an die einzelnen Wohnungsbesetzer gewöhnt und fühlt sich schon verlassener, bevor man sie entsorgt hat. Allein der Gedanke daran, dass gewisse Dinge vielleicht irgendwann noch Verwendung finden könnten, ist für viele ein guter Grund etwas zu behalten. Man muss somit keine Entscheidung treffen und kann sich hinter der »Begründung« verstecken. Oftmals ist die Angst davor, dass etwas fehlen könnte, Unsicherheit darüber, ob man allen Situationen im Leben gerecht werden kann. Man denkt, dass man sich ohne all diese Dinge leer und einsam fühlen könnte. Eventuell verspürt man auch ein Gefühl der Hilflosigkeit. Deshalb behält man mehrere doppelte Böden und Netze, einfach nur, damit man auf alle Eventualitäten vorbereitet ist.

Das Schöne ist, das muss man gar nicht. Man kann ohnehin nicht für alles eine Lösung parat haben und das ist überhaupt nicht schlimm, sondern menschlich.

ERZIEHUNG

Manchmal entsteht der Charakterzug des Sammelns und Hortens nicht aus eigener Energie, sondern wird bereits in der Erziehung an die Kinder weitergegeben. In meiner Familie kommt der Gedanke »das könnte man noch brauchen« oder »das könnte noch nützlich sein« aus den Zeiten des Krieges. Meine Oma erzählt immer wieder, wie froh sie damals über jede Kleinigkeit war.

Somit wird jedem Gegenstand ein enorm hoher Stellenwert beigemessen, was das Entsorgen fast unmöglich macht. Diese Haltung gegenüber Dingen kann von jeder Generation adaptiert werden. Man bewahrt alles auf, weil es schon immer so war und weil man alles schätzen »muss«. Es geht hierbei um die Vermittlung von Werten. Dankbarkeit ist eine wunderbare Eigenschaft, so lange man sie Dingen gegenüber empfindet, die es wirklich wert sind.

Falls du tatsächlich von deiner Familie gelernt hast, dass du Dinge lieber für den Fall der Fälle behalten solltest, ist es natürlich schwer nach so langer Zeit dein Verhalten so einfach zu ändern. Mach dir bewusst, dass du vielleicht eine völlig andere Grundsituation und Ausgangslage als deine Eltern hast und nur weil etwas für sie wichtig ist, heißt das nicht, dass du es ebenso halten musst. Es ist dein eigenes Leben, also denk an dich und triff deine eigenen Entscheidungen.

ZU VIEL PLATZ

Leere Flächen können Unbehagen auslösen. Auf Tischen und Ablagen wird dann häufig etwas abgestellt, nur damit der entsprechende Raum »genutzt« wird. Manchmal tritt dabei der glückliche Zufall ein, dass dadurch ursprünglich heimatlose Dinge einen schönen Platz bekommen. Wenn sich allerdings nichts passendes findet, wird oftmals auch extra etwas gekauft, um die Leere zu füllen.

So erging es mir zum Beispiel mit meinem Schuhschrank. Anfangs kaufte ich ein Regal, in das all meine Exemplare gepasst haben und es war sogar noch Platz für mehr. Leider hat mich das dazu verführt, diesen Raum komplett auszuschöpfen. Das wirkte auf den ersten Blick sehr zufriedenstellend, obwohl ich dadurch auch ungeliebten Tretern ein Zuhause bot. Als ich dann allerdings neue Schuhe im Laden entdeckte und sie mit nach Hause brachte, hatte ich ein Problem. Ich wollte meine Sammlung nicht verkleinern und so brauchte ich schon bald ein weiteres Regal.

Beginnt man Dinge neben und vor den Regalen zu stapeln, gesellen sich schnell weitere heimatlose Gegenstände dazu. Die fallen dann gar nicht mehr so schwer ins Gewicht, weil ohnehin schon alles voll steht. Das Problem an der Sache ist, dass hier kein fester und vor allem begrenzter Raum definiert wurde. Legt man die Grenzen nicht fest, breitet sich alles immer weiter aus.

Solltest du tatsächlich viele leere Flächen und Fächer in deinen Schränken haben, kannst du darüber nachdenken, ob du die Möbelstücke überhaupt noch brauchst. Entsorge Ballast lieber bevor sich ein unheimliches Chaos voller Belanglosigkeiten darauf breit machen kann. Mach dir bewusst, dass eine leere Fläche keinesfalls verloren ist. Sie steht dir jederzeit nach Belieben sofort zur Verfügung. Es ist schön zu wissen, dass man nicht erst Platz schaffen muss, wenn man Lust hat zu backen, zu basteln oder ein Gesellschaftsspiel mit Freunden zu genießen.

ÜBERHOLTE LASTEN

Die Lieblingsjeans hat ein Loch, ist ausgeleiert oder hat Farbe verloren. Deshalb muss ein Ersatz her. Man geht auf die Suche und findet endlich das perfekte Exemplar als würdigen Nachfolger. Nun steht man vor dem Kleiderschrank, den neuen Schatz in der einen und das geliebte alte Teil in der anderen Hand. Ein rationaler Gedanke wäre natürlich »weg mit dem alten Ding«. Was ist aber, wenn die neue Jeans doch nicht so bequem ist? Was ist, wenn ich die zwei Kilos doch wieder zunehme? Außerdem ist sie doch praktisch für Gartenarbeit oder um die Wohnung zu streichen. Man findet immer einen Grund, um das überholte Lieblingsteil zu behalten.

Das Schöne ist, dich zwingt niemand dazu etwas zu entsorgen. Vielleicht ist die abgetragene Jeans tatsächlich noch gut und du solltest sie behalten, so lange du sie trägst. Möglicherweise befinden sich aber andere Hosen in deinem Schrank, die gehen könnten.

Das lässt sich natürlich nahezu auf jeden Gegenstand übertragen. So kaufst du eventuell ein neues Gerät und behältst das alte dennoch für den Fall der Fälle. Dadurch sammeln sich immer wieder Altlasten an, die eigentlich bereits einen Ersatz gefunden haben.

Um dieser Falle zu entgehen, kannst du dich fragen, ob du das alte Teil so sehr liebst, dass du erst gar keinen Ersatz brauchst oder ob die Neuanschaffung deine volle Aufmerksamkeit genießen kann.

Reserviere keinen Raum für Eventualitäten.

GESCHENKE & ERBE

Unnötige Dinge, die wir uns nicht selbst ausgesucht haben, kommen nicht selten auf zwei menschlichen Beinen in die Wohnung stolziert und zwar bunt verpackt mit einer Schleife garniert. Im Glücksfall kennt uns die andere Person so gut, dass wir genau das auspacken, was wir dringend gebraucht oder uns sehnlichst gewünscht haben. Ebenso gut sind Dinge, die sich verbrauchen lassen und gleichzeitig unseren Geschmack treffen, wie zum Beispiel eine Tafel unserer Lieblingsschokolade oder eine gute Flasche Wein. Geschenke stellen uns aber auch manchmal vor eine große Herausforderung, besonders wenn sie uns nicht gefallen und wir sie nicht gebrauchen können.

Wenn man etwas auspackt, was man eigentlich lieber nicht besitzen würde, sagt man häufig aus Höflichkeit »vielen Dank«. Dadurch hat das Gegenüber aber keine Ahnung, wie es in dir aussieht und es wird sich nichts ändern. Natürlich muss man den anderen nicht direkt vor den Kopf stoßen, aber du kannst für die Zukunft vorsorgen. Nimm deinen Lieben die Angst, dich zu enttäuschen, indem du ihnen erklärst, was in dir vorgeht. Du kannst ihnen sagen, dass du weder traurig noch verärgert bist, wenn sie dir nichts schenken oder dass sie dir damit sogar eine Last ersparen. Ansonsten kannst du ihnen auch Tipps geben, womit sie dir eine Freude machen können. So schenken sie dir in jedem Fall etwas, das du auch sicher benutzt.

Falls deine Lieben übrigens dazu neigen sollten, ihre Geschenke mit Glücksbringern aufzuhübschen, ist das sicher lieb gemeint. Betrachte die kleinen Figuren, Büchlein und Anhänger als Teil der Verpackung, die ihren dekorativen Zweck in dem Moment erfüllt hat.

Letztendlich möchte man dir einfach nur eine Freude machen. Wenn dich deine Geschenke allerdings belasten, haben sie ihren Sinn verfehlt.

Der Grundgedanke des »Weniger-Besitzens« ist für manche schwer nachvollziehbar. Besonders die älteren Generationen können beim Anblick von halbleeren Regalen denken, dass dir etwas fehlt. Die Vorteile beim Saubermachen und Aufräumen sind in dem Fall ziemlich überzeugend.

Ähnlich verhält es sich auch mit Erbstücken, wobei da häufig eine große Masse auf einmal einschlägt. Auch hier trägt man nicht die Verantwortung, dass aller Besitz übernommen und weiter gepflegt wird. Dem Eigentum anderer steht es nicht zu ein Anrecht auf deinen Raum zu haben. Du musst nichts übernehmen, sondern darfst selbst entscheiden, was bei dir einzieht und was nicht. Wäge also genau ab, was du wirklich haben möchtest, aus welchen Gründen auch immer. Ein schönes Andenken an einen geliebten Menschen gewürdigt in der Vitrine, in einer schönen Schatulle oder im Bilderrahmen verewigt, hat absolute Berechtigung bei dir zu sein. Alles andere findet durch dich ein neues Zuhause, macht andere glücklich und somit auch dich.

WERBUNG

Sonderaktionen, Rabatte und Ausverkäufe haben oftmals eine magische Wirkung und das nicht nur auf Schnäppchenjäger. Auch sonst sehr enthaltsame Menschen, lassen sich manchmal von einem Angebot überzeugen und ärgern sich später eventuell über den Fehlkauf. Das Gefühl Geld zu sparen oder etwas besonders günstig zu ergattern, kann einen großen Reiz ausüben. Allerdings vergessen viele dabei, dass man mehr sparen würde, wenn man eben gar nichts kauft. Bei einem Sonderangebot sollte man sich deshalb immer die Frage stellen, ob man die Sache auch kaufen würde, wenn sie nicht reduziert wäre. Das ist ein einfacher psychologischer Trick.

Nicht jeder Sale-Artikel ist automatisch schlecht, aber man muss sich aus dem Rausch der Rabatte herauskämpfen und das Produkt nüchtern betrachten. All das setzt natürlich voraus, dass wir die Werbung überhaupt wahrnehmen. So verlocken uns Prospekte und Newsletter dazu die Läden nach Neuheiten zu durchstöbern, weil sie uns vor Augen führen, was wir noch nicht besitzen. Dadurch lässt man sich natürlich auch gerne verführen. Die einfache Lösung dafür ist, dass man sich dem Ganzen erst gar nicht aussetzt. Ein Aufkleber mit »Bitte keine Werbung« am Briefkasten und das Abbestellen der Newsletter sind dabei ein guter Anfang.

SOCIAL MEDIA

Im Internet wird man schon lange nicht mehr nur durch klassische Werbebanner zum Konsum angetrieben. Social Media Influencer sind die Stars von heute und gleichzeitig die Freunde von nebenan, wenn es um Tipps für den Alltag geht. Man findet sie auf YouTube, ihren Blogs und auf weiteren Social Media Plattformen. Zudem strömen hier durch die globale Vernetzung unterschiedliche Trends zusammen und die Inspiration ist grenzenlos.

Wie ich bereits erwähnt habe, bin ich selbst ein Teil der Influencer Welt und auch ich habe jahrelang viel zu viele HAULs hochgeladen. Zum Glück habe ich meine Kaufsucht in den Griff bekommen, weil ich mit diesen Videos natürlich auch meine Zuschauer zum Kauf verleitet habe.

Darüber hatte ich mir damals leider zu wenig Gedanken gemacht. Bitte verstehe mich nicht falsch, ich gehe immer noch gerne ab und zu einkaufen, aber viel überlegter und seltener. Diese Einstellung teile ich nun auch auf meinem Kanal, um andere vor Fehlkäufen zu bewahren. Diese Präsentation von Produkten ist nämlich noch viel verführerischer als klassische Werbung, da man quasi Tipps von einem »Freund« oder einer »Freundin« erhält. Von dem Enthusiasmus einer authentischen Person lässt man sich eben viel schneller anstecken.

Als es noch ein überschaubares Angebot in den Geschäften gab, konnte man durchaus bei Freunden oder der Familie um Rat fragen, wenn man sich bei einem Kauf nicht sicher war. Heute gibt es für jedes individuelle Bedürfnis gleich mehrere passende Mittelchen von verschiedenen Herstellern. Hier die richtige Wahl zu treffen, ist gar nicht so einfach.

Da ist es doch viel entspannter, andere Leute diese Dinge testen zu lassen und sich aus Tausenden von Social Media Influencern diejenigen auszusuchen, die ähnliche Probleme haben. Dennoch muss man nicht alles kaufen, was sie in ihren Videos, Bildern und Texten anpreisen. Wenn du wirklich etwas brauchst, ist es natürlich super sich auf diesem Weg vorher inspirieren zu lassen und sich zu informieren. Lass dich nur nicht unnötig verführen.

Höre auf deine eigenen Bedürfnisse.

BEZIEHUNG

Mir war es sehr wichtig, dieses Kapitel mit aufzunehmen, weil man eben nicht immer allein für den eigenen Wohnraum verantwortlich ist. Häufig ärgert man sich darüber, wenn der Partner, die Partnerin oder WG-Mitglieder für Chaos in der Wohnung sorgen. Das Geschirr im Spülbecken, die Post auf der Ablage und Klamotten auf dem Boden können zum Beispiel zu Diskussionen führen.

Ich bin selbst ein Mensch, dem schnell die Nachlässigkeit anderer auffällt. Allerdings habe ich mittlerweile realisiert, dass sie oftmals nicht wirklich das Problem sind. Ich störte mich viel mehr an meinem eigenen Chaos und übertrug das auf mein Umfeld. Es fiel mit leichter mich über andere aufzuregen, als an mir selbst zu arbeiten.

Damit will ich sagen, dass ich unglaublich viel verändern konnte, indem ich mich einfach um mein eigenes Zeug gekümmert habe und mir bewusst machte, dass ich es mir selbst schön machen kann. Andere sollte man nicht zwingen ihre Sachen auszusortieren oder aufzuräumen. Man kann aber mit gutem Beispiel vorangehen. Deine Erfolge werden höchstwahrscheinlich auch deine Mitmenschen anstecken. Ein Versuch ist es auf jeden Fall wert.

Was sind deine persönlichen Auslöser?
Wenn du deine Schwächen kennst, kannst du an ihnen arbeiten.

KAPITEL

5

warum aussortieren

WARUM AUSSORTIEREN?

Die Ausgangslage ist bei jedem eine andere. Manche fühlen sich vom puren Chaos erdrückt und andere wollen nur etwas ordentlicher werden. Man wünscht sich Luft zum Atmen, Raum für klare Gedanken und Zeit für Produktivität.

Wer in eine neue Wohnung einzieht, hat viele leere Flächen zur Verfügung. Unordnung ist erst gar nicht möglich, wenn sich eben nichts dort befindet. Wir haben es in der Hand, was wir daraus machen. Lass uns jetzt gemeinsam die wunderbaren Vorteile des Entrümpels anschauen, damit wir motiviert in Aktion treten können.

ZEITERSPARNIS

Wenn man nur noch Dinge besitzt, die man mag und benutzt, wird das Leben ein bisschen leichter. Wenn du deinen Schätzen nun auch noch einen eigenen Platz gibst, finden sie immer wieder schnell dahin zurück. So hast du mehr Zeit für die wichtigen Dinge im Leben.

Ich habe früher wirklich ungern und selten geputzt, weil es einfach immer ein riesiger Aufwand war, mit all dem Krempel zu kämpfen. Abstauben war ein enormer Akt, da hierfür gefühlt 1000 Kleinigkeiten bewegt werden mussten. So war ich vor einem Besuch direkt drei Stunden beschäftigt, bis die Wohnung meiner Meinung nach einigermaßen vorzeigbar war.

Auch heute putze ich ehrlich gesagt nicht wirklich gern, aber es geht definitiv um einiges schneller. Einige Zeit nachdem ich mit der **#NURWASICHMAG** Methode angefangen hatte, erwartete ich wieder Besuch und ich startete nervös meine Putz- und Aufräumaktion. Da durfte ich eine freudige Entdeckung machen – ich konnte die Flächen direkt abwischen, schnell durchsaugen, kurz das Bad sauber machen und frische Handtücher aufhängen, fertig. Die Entscheidung am Morgen, was man anziehen möchte oder welche Teile in den Koffer für den Urlaub kommen, ist ebenso viel schneller und vor allem auch einfacher getroffen. Ich greife mittlerweile zielsicher in die Schubladen und halte dabei immer ein Lieblingsstück in der Hand. Ich fühle mich in jedem einzelnen Teil wohl und weiß genau, was ich dazu kombinieren kann.

Wenn wir weniger Dinge besitzen, müssen wir weniger aufräumen, können das Putzen schneller erledigen und treffen im Alltag leichter Entscheidungen. Das heißt aber natürlich nicht, dass wir es uns nicht gemütlich machen dürfen. Umgib dich einfach nur mit Dingen, die du magst.

Mir hat es sehr geholfen mir darüber bewusst zu werden, wie wertvoll Zeit eigentlich ist. Mittlerweile genieße ich ein gutes Buch, gönne mir selbst Zeit zum Nachdenken oder verbringe schöne Momente mit Menschen, die mir etwas bedeuten. Außerdem habe ich mir einige Dinge schon lange verwehrt, weil ich dachte, ich hätte nicht genug Zeit dafür. Zum Beispiel besuche ich jetzt Kurse in der Volkshochschule, entdecke so neue Hobbys für mich und lerne spannende Menschen kennen. Diese Freiheit ist unbezahlbar für mich.

RUHE

Wenn alles Erdrückende und Belastende die eigene Wohnung verlassen hat, kehrt mit einem Mal Ruhe ein und das nicht nur oberflächlich betrachtet, sondern auch im Kopf. Wie zuvor schon angesprochen, ist unser gesamter Besitz in unseren Erinnerungen gespeichert und unsere Gedanken kreisen immer wieder über den Dingen, die uns belasten.

Wenn der unnötige Kram unser Heim verlässt, löscht er sich auch aus unseren Köpfen und wir können zur Ruhe kommen. Abends entspannt auf dem Sofa mit einem Roman liegend, kriechen uns keine ungelesenen und verschmähten Bücher den Nacken hoch. Beim Ausführen des neuen Lieblingspullis winkt uns nicht noch das T-Shirt mit dem Preisschild traurig nach. Dadurch haben wir kein schlechtes Gewissen mehr und unsere Gedanken sind frei.

MEHR PLATZ

Wenn wir nicht mehr in unserem Kram ersticken und für alles einen Aufbewahrungsort gefunden haben, ist genug Raum für alles da. Wir können unsere Flächen sofort nutzen und müssen dafür nicht erst aufräumen oder den Krempel von einem Unordnungsherd an den nächsten verschiffen.

In einem konkreten Fall hat **#NURWASICHMAG** bei einer Zuschauerin meines YouTube-Kanals dazu geführt, dass der nun üppige freie Platz eine ganz neue Möglichkeit eröffnet hat – eine kleinere und günstigere Wohnung. Das junge motivierte Paar, kann sich dadurch einen Lebenstraum erfüllen, da sie nun auf die ersten eigenen vier Wände sparen können.

Leere ist hungrig und Krempel nicht gern allein.

WERTSCHÄTZUNG

Wer zu viel hat, möchte trotzdem allem gerecht werden. Man benutzt Dinge, die man eigentlich nicht mag, nur damit sie nicht völlig nutzlos sind. Geliebte Schätze landen dadurch plötzlich ganz hinten im Schrank, um den ungewollten Ballast aufbrauchen zu können. Holt man die tolle Creme eines Tages dann aus der Schublade hervor, weil der Müll endlich leer ist, kann auch das Lieblingsprodukt meistens folgen, weil es mittlerweile abgelaufen und unbrauchbar geworden ist.

Quäle dich nicht mit solchem Ballast, sondern genieße das Leben mit Dingen, die du magst. Es bringt dir nichts, wenn du etwas benutzt und dich dabei jedes mal darüber ärgerst. Ja, du hast die Sache gekauft und dafür Geld ausgegeben, aber du bist grade dabei dein Leben zu verändern und all die Dinge haben dafür gesorgt, dass du dir über dein Handeln bewusst geworden bist. Somit haben sie ihren Zweck erfüllt. Dafür kannst du dankbar sein, denn du wirst in Zukunft wahrscheinlich keinen Müll mehr nach Hause bringen.

Beim Aussortieren bekommt man häufig ein schlechtes Gewissen, weil man dadurch Dinge nicht »ausreichend« würdigt. Du solltest dir dann vor Augen führen, dass all das bereits auf sein Ende bei dir gewartet hat. Geliebt wurde es schließlich nicht. Daher ist es besser, wenn endlich eine Entscheidung fällt. Das heißt aber nicht, dass alles direkt im Müll landen muss. Dein ungewollter Besitz kann für andere noch eine wahre Bereicherung sein.

GELD SPAREN

Wenn die Wohnung zunehmend nur noch aus Dingen besteht, die man wirklich mag, wird man immer wählerischer, was sich dazu gesellen darf.

Man weiß, was man hat.
Manchmal kauft man etwas, um später festzustellen, dass man das Gleiche oder etwas Ähnliches bereits besitzt. Vielleicht wurde es schon länger nicht mehr benutzt und ist so in Vergessenheit geraten. Das können wir in Zukunft verhindern, indem wir uns mit all dem auseinandersetzen, was wir besitzen. Jeder einzelne Gegenstand trägt dazu bei, dass wir uns und unsere Vorlieben besser kennenlernen. So können wir uns vor doppelten Käufen schützen und genau abwägen, was zu uns passt.

Man weiß, was man (nicht) braucht.
Durch das Aussortieren bekommt man ein immer genaueres Bild davon, was man eigentlich mag und braucht. So kauft man nicht mehr unsicher die neusten Trends, sondern greift zielsicher zu neuen Schätzen, die definitiv in Gebrauch sein werden. Wenn du zum Beispiel genau weißt, wie viele Socken du regelmäßig trägst, kannst du gezielt für Nachschub sorgen, wenn ein Paar davon abgetragen sind. Du kaufst so nicht unnötig mehr, sondern deckst einfach deinen Bedarf.

Man erkennt Fehlkäufe vorher.
Jeder braucht ab und zu etwas Neues und das spätestens dann, wenn etwas nicht mehr tragbar oder funktionsfähig ist. Dadurch, dass man den Kauf bewusst trifft und sich mit dem Produkt genau beschäftigt, werden Fehlkäufe immer seltener. Man macht sich Gedanken über Qualität, Komfort, Nutzen, Gefallen, Kombinationsmöglichkeiten und auch über den Preis. Erst wenn alle Faktoren ohne Ausnahme passen, greift man zu. Das ist ein gutes Hilfsmittel, um Fehlkäufe und somit herausgeworfenes Geld bestmöglich zu vermeiden.

Ich habe früher öfter etwas gekauft, das nur »fast perfekt« war. Als ich dann kurze Zeit später eine bessere Alternative gefunden hatte, waren die Teile schon zu zweit. So ging es immer weiter, bis ich dann am Ende mehrere hatte und gar nicht mehr wusste, was ich davon benutzen sollte. Mittlerweile nehme ich mir lieber die Zeit und warte auf das »Richtige«. So spare ich natürlich auch sehr viel Geld.

Was motiviert dich?
Worauf freust du dich am meisten bei **#NURWASICHMAG**?

KAPITEL

6

einfache helfer

EINFACHE HELFER

Egal, ob du gerade erst mit dem Entrümpeln anfängst oder ob du darin schon geübt bist, es gibt immer wieder neue Ansätze, wie du dich von Ballast befreien kannst. Es ist auch nicht schlimm, wenn du nicht sofort all deinen Krempel loswirst und mehrere Anläufe brauchst. Das geht wohl vielen so und Geschmäcker verändern sich ohnehin mit der Zeit. Du wirst mit regelmäßiger Übung sicherer in deinen Entscheidungen und so fällt es dir zunehmend leichter deine Schätze auszuwählen. Wir wollen uns dabei nicht zwanghaft minimalisieren, sondern besser auf unsere Bedürfnisse hören.

Für den Einstieg habe ich dir hier eine Reihe einfacher Helfer zusammengestellt. Suche dir die Übungen aus, welche am besten zu dir passen. Sie werden dich im Anschluss bei der **#NURWASICHMAG** Methode unterstützen.

SCHOCKMOMENT

Wenn man feststellt, dass man zu viele Sachen besitzt, schaut man sich häufig in seinem Umfeld um und sucht nach Dingen, die man aussortieren kann. So greift man einzelne Kleinigkeiten heraus, die offensichtlich weg können. Meistens ermüdet man bei dem Prozess recht schnell und die gewünschte große Veränderung bleibt aus. Der Anblick ist bereits zur Gewohnheit geworden. Dadurch stellt man die Grundsituation erst gar nicht in Frage.

Viele werden mit den Jahren auch zu wahren Packkünstlern. Man realisiert das Ausmaß der eigenen Sammlung gar nicht mehr, da der Besitz schon lange in den Regalen schlummert. Dadurch wird uns gar nicht bewusst, was wir alles haben und welche Massen sich dort verbergen. Unser Unterbewusstsein sieht das allerdings etwas anders. Das weiß nämlich ganz genau, wie viel sich auf engstem Raum zusammendrängt.

Damit wir uns des vollen Ausmaßes bewusst werden können, nehmen wir nun nicht nur Dinge aus den Schränken, die wir nicht mehr behalten wollen, sondern einfach alles! Ja, wir räumen den entsprechenden Aufbewahrungsort komplett. Anschließend suchen wir uns die Dinge aus, die wir behalten möchten und können so sicher sein, dass wir auch nur das behalten werden.

Was bei dieser Aktion alles zum Vorschein kommen kann, ist manchmal überwältigend. Wenn du zum Beispiel alle deine Kleidungsstücke restlos aus deinen Schränken holst, wirst du wahrscheinlich überrascht sein, was für ein großer Berg sich vor dir stapelt. Dadurch erhältst du ein ehrliches und ungefiltertes Bild dessen, was du besitzt.

Wenn wir uns nun im Kontrast dazu einmal unser leeres Regal anschauen, wird deutlich, wie viel Platz wir eigentlich haben und was wir daraus machen können. Dadurch wird man wählerischer und nimmt auch kleine Details an den Schrank-Bewerbern viel deutlicher unter die Lupe. Das neue Reich der Ruhe und der Übersicht möchte schließlich verteidigt werden.

OBJEKTIV ENTSCHEIDEN

Eine einfache und relativ nüchterne Methode ist die der Fragerunde. Für die verschiedenen Kategorien gibt es somit simple Checklisten, die man durchgehen kann, um Dinge objektiv zu bewerten. Die folgenden beiden Fragen gelten universell, da sie sich in jeder Situation und bei jeder Art von Gegenstand stellen lassen.

» Mag ich das?
» Brauche ich das?

Mag ich das?
Wenn du einen Gegenstand in die Hand nimmst, ihn benutzt oder ihn siehst, was fühlst du dann? Diese Frage ist besonders zu Beginn nicht einfach zu beantworten. Versuche deine Gedanken in verschiedene Richtungen zu lenken. Stelle dir vor, wie es wäre, wenn du den Gegenstand nicht mehr hättest. Wie fühlt sich das an? Freust du dich, dass du ihn besitzt oder fühlst du dich eher unwohl und möchtest ihn gerne weglegen? Oftmals lässt sich deine Stimmung auch ganz gut an deinem Gesicht ablesen. Hast du vielleicht ein kleines Lächeln im Gesicht, treten grübelnde Falten auf deine Stirn oder gähnst du schon vor Langeweile? Alles was dich glücklich macht, darf auf jeden Fall bleiben.

Brauche ich das?
Nützliche Dinge müssen nicht zwangsläufig zu einem Glücksgefühl führen. Nicht jeder freut sich zum Beispiel darauf einen Kochtopf zu verwenden, aber oftmals machen uns dann die Ergebnisse dieser Gegenstände

wiederum sehr glücklich. Trotz allem muss auch ein nützlicher Gegenstand nicht immer genau das Richtige für dich sein. Du hast zum Beispiel einen Kochlöffel, den du zwar brauchst, aber nicht gerne benutzt, weil er aus Holz besteht. Der wird nämlich gefühlt nie richtig sauber. Dann darfst du dich auch von ihm trennen und dir einen Kochlöffel gönnen, der dich glücklich macht. Wir wollen nicht einfach nur aussortieren, sondern uns mit Dingen umgeben, die wir wirklich mögen.

Neben austauschbaren Gebrauchsartikeln gibt es aber auch Dinge, die man behalten muss. Dazu gehören beispielsweise für eine gewisse Zeit die Steuerunterlagen. Trotz allem können wir das Beste daraus machen.

Als ich mir noch keine Gedanken über sinnvolle Raumnutzung gemacht hatte, verstaute ich derartige Dokumente immer in großen Ordnern. Diese waren eher unhandlich und platzraubend. Da kam mir ein Gedanke – die Papiere müssen zwar aufbewahrt werden, die Ordner aber nicht! DIN A4 Blätter lassen sich prima durch Heftklammern getrennt in passenden Pappkartons ablegen. Durch diese Lösung verschwendet man an dieser Stelle schon mal keinen wertvollen Platz, sondern genau so viel, wie nötig ist. Zudem lassen sich die einzelnen Kisten prima beschriften und stapeln.

Mach einfach das Beste aus deiner Situation.

Für einzelne Bereiche und Kategorien von Gegenständen gibt es weitere nützliche Fragen. Diese können dir dabei helfen Vor- und Nachteile abzuwägen, damit du einfacher entscheiden kannst.

Kleidung

In diese Kategorie zählen nicht nur Kleidungsstücke, sondern auch Accessoires, wie Schmuck und Mützen. All diese Dinge werden am Körper getragen, weshalb der Tragekomfort häufig eine hohe Priorität hat.

Fühle ich mich gut damit?
Trägst du das Kleidungsstück gern? Wie sieht es aus, wenn du dich damit bewegst? Rutscht es schon nach kurzer Zeit oder fängt es an zu leiern und unschöne Beulen zu werfen? Dann wäre man andauernd damit beschäftigt alles richtig zu rücken und würde das Ding am Ende genervt in die Ecke pfeffern. Behalte nur Kleidung, welche dir den ganzen Tag ein gutes Gefühl gibt.

Passt es mir und ist es wirklich meine aktuelle Größe?
Hier wird nicht geschummelt! Wie sitzt das Kleidungsstück, wenn du dich bewegst? Quetscht der Bund unschöne Hautpartien ab? Warte bitte auch nicht auf Teile, in die du nicht mehr passt. Das kann dir unterbewusst ein ungutes Gefühl geben und es ist doch viel schöner, wenn du dir nach einem Fitnesserfolg ein neues Teil gönnen kannst, das wieder richtig sitzt. Kleider müssen passen, damit sie dich im Alltag optimal unterstützen können.

Ist es frei von Löchern und Flecken?
Ein altes Shirt und eine Jogginghose eignen sich prima für Gartenarbeiten, Streichaktionen und Putzzwecke. Daheim ist bequeme Kleidung wirklich praktisch, aber zu gammelig sollte es dennoch nicht unbedingt sein. Man fühlt sich nämlich häufig so, wie das Kleidungsstück letztendlich aussieht. Behalte hier also nur, was du wirklich magst. So kannst du deinem abgenutzten Lieblingsshirt einen neuen Zweck als Hauskleidung oder Schlafanzug geben. Völlig abgetragene und ungeliebte Teile haben aber auch als Wohlfühl-Kleidung ausgedient.

Gefällt mir die Qualität?
Eventuell ist dir das Material nicht so wichtig oder du hast sogar eine Vorliebe für bestimmte Fasern. Spüre, was sich auf deiner Haut gut anfühlt. Was kratzt und welche Dinge führen schnell zu unangenehmen Gerüchen?

Kann ich es kombinieren?
Vielleicht hast du Kleidung in deinem Schrank, die du nie trägst, weil du einfach nichts Passendes dazu hast. In dem Fall solltest du dir überlegen, ob dir die Teile so viel wert sind, dass du etwas Ergänzendes dazu kaufst.

Gibt es einen passenden Anlass?
Wenn du ein extravagantes Outfit besitzt, das du gefühlt noch nie getragen hast, solltest du dich ernsthaft fragen, ob es jemals einen Anlass dafür geben wird. Vielleicht sind es elegante Firmenveranstaltungen oder schickere Familienfeiern, bei denen die besondere Abendkleidung zur Geltung kommen darf. Das sind gute Gründe für ganz

besondere Teile im Schrank, aber eben nur, wenn es wirklich Lieblingsteile sind. Oftmals hat man von solchen Stücken eine bestimmte Vorstellung, wie sie am großen Tag auszusehen haben. Bei der Anprobe stellt man aber fest, dass es nicht so perfekt sitzt, wie gedacht. Häufig greift man dann doch zu etwas, worin man sich wohler fühlt.

Steht es mir?
Sei ehrlich zu dir selbst. Trägst du das Kleidungsstück oder trägt es dich? Es gibt Stoffe und Schnitte, welche die eigene Figur aber auch die Ausstrahlung perfekt zur Geltung bringen. Sie unterstützen die natürliche Schönheit und tragen zu einem abgerundeten Gesamtbild bei. Manche Farben lassen die Haut strahlen und geben ihr einen frischen Teint. Andere machen die Haut aschig und trist. Das hängt mit den Farbtypen zusammen. Dabei unterscheidet man in kühle und warme Typen. Allerdings gibt es auch Mischtypen und diese können je nach Haarfarbe eigentlich fast alles tragen. Wer mag, kann sich mit dem Thema intensiver auseinandersetzen und sich vielleicht eine Farbtypberatung gönnen. Im Prinzip genügt es aber auch, wenn man sich einfach ganz genau betrachtet und das anzieht, worin man sich im Spiegel gefällt.

Hat es eine besondere Bedeutung für mich?
Vielleicht ist es das Brautkleid, das alte Bandshirt oder ein Textil vom Abschlussjahrgang. Vieles davon trägt man vielleicht gar nicht mehr, sondern bewahrt es einfach auf, weil es zu einem Erinnerungsstück geworden ist. Derartige Schätze, sollten ihr Dasein nicht im dunklen Schrank fristen. Es gibt schöne Möglichkeiten, ihnen wieder einen

neuen Wert zu geben. So könnte der Shirt-Aufdruck ausgeschnitten, gespannt und eingerahmt werden. Eventuell genügt aber auch ein Foto von dem Gegenstand, das dann in einem Erinnerungsordner abgelegt wird. Vielleicht möchte man mit dem Hochzeitskleid nochmal etwas Verrücktes anstellen und ein Abenteuerphotoshooting veranstalten. Falls ihr den Dingen gar keinen neuen Zweck schenken und sie auch nicht präsentieren möchtet, könnt ihr euch notfalls auch eine Erinnerungskiste mit ausgewähltem Inhalt zusammenstellen. Aber auch in diese solltet ihr wenigstens ein mal pro Jahr voller Freude schauen, sonst ist der Kram doch wirklich unnötig oder?

Unterhaltungsmedien

In diese Sparte zählen zum Beispiel Bücher, Musik und Filme. Durch die Digitalisierung fällt es immer einfacher sich von derartigen materiellen Dingen zu befreien.

Werde ich das jemals (nochmal) benutzen?
Hast du vielleicht Bücher, Filme und CDs, die du noch nicht gelesen, gesehen oder angehört hast? Das Interesse scheint dann wohl nicht groß genug gewesen zu sein. Wenn du hingegen alle Seiten zu Ende gelesen und die CD auf dem Computer archiviert hast, haben diese Dinge eigentlich ihren Zweck erfüllt. Dennoch gibt es Lieblinge darunter, die man sich immer wieder gerne zur Hand nimmt und diese Schätze sind es natürlich wert aufbewahrt zu werden.

Funktioniert noch alles?
Hat die CD einen Sprung oder läuft die DVD nicht rund, macht die Nutzung wahrscheinlich wenig Spaß.

Macht es mich glücklich oder nur stolz?
Manchmal sucht man nach einem ganz bestimmten Schatz und wenn man ihn gefunden hat, freut man sich bis über beide Ohren. Vielleicht ist es der Lieblingsfilm in der Originalvertonung oder eine besondere Auflage des Lieblingsromans. Solche Dinge erfüllen uns mit Freude und Stolz. Manches wird vielleicht aber auch nur aufbewahrt, um anderen zu zeigen, wie viel man liest oder was man schon gelesen hat. Teile deinen Platz mit Dingen, die du wirklich magst und gib dem Rest einen neuen Wert, indem du ihn verkaufst, verschenkst oder spendest. Du musst niemandem etwas beweisen.

Bewertung von elektronischen Geräten

Diese Kategorie hat in der Regel einen Zweck. Die Dinge leuchten, machen einen Ton oder haben eine komplexe Funktion. Daher spielt der Nutzen eine wichtige Rolle.

Funktioniert es?
Läuft alles oder ist das Gerät defekt? Lohnt sich eine Reparatur? Möglicherweise hast du auch ein altes Erinnerungsstück, wie zum Beispiel einen alten Plattenspieler, der mittlerweile rein dekorativen Zwecken dient. Das war dann zwar nicht der ursprüngliche Nutzen, aber wenn dich der Anblick glücklich macht, hat er seinen Platz verdient.

Habe ich noch etwas Ähnliches?
Wenn man mit einem Gegenstand unzufrieden ist, kauft man häufig einen vermeintlich besseren Ersatz. Doch was ist, wenn dieser doch nicht so gut ist oder kaputt geht? Dieser Gedanke ist natürlich nicht verkehrt, aber in der heutigen Zeit müssen wir meist nicht lange auf etwas verzichten. Wenn etwas kaputt geht, werden wir es eher neu kaufen, als den alten Kram aus der Kammer zu holen. Ansonsten sind wahrscheinlich auch Kabelansammlungen vielen bekannt. Bei fast jedem elektronischen Gerät werden sie mitgeliefert. Das sind häufig immer wieder dieselben und daher muss man nicht alle davon aufbewahren. Wann benutzt man sie schon alle gleichzeitig?

Bediene ich es gern?
Manchmal kauft man etwas und nutzt es später nicht, weil es doch nicht dem entspricht, was man sich vorgestellt hat. Ein schönes Beispiel aus meinem Haushalt ist ein Milchshaker. Mit ihm ließen sich super leckere und schaumige Getränke herstellen, aber ich hatte nie Lust das Ding aufzustellen und hinterher zu reinigen. Außerdem war der Behälter etwas zu klein für meine gewünschte Flüssigkeitsmenge. Daher nutzte ich das Teil schon nach kurzer Zeit überhaupt nicht mehr, obwohl es gut funktionierte.

Elektronik sollte uns den Alltag erleichtern und seinen Zweck erfüllen.

Dinge im Haushalt

Wer gerne den Haushalt führt, hat meist sein Werkzeug und die entsprechenden Abläufe perfektioniert. Anderen geht das vielleicht noch nicht so leicht von der Hand. Dinge im Haushalt sollten dich bei den Aufgaben des Alltags unterstützen, um sie leichter und schneller zu erledigen. Weniger Gegenstände sorgen dabei natürlich auch für weniger Aufwand und was regelmäßig benutzt wird, staubt erst gar nicht ein.

Mache ich mir damit das Leben leichter?
Manche Dinge im Haushalt erwecken nicht unbedingt Glücksgefühle, aber solange man auch keine negativen Gedanken hegt, ist die Frage nach der Arbeitserleichterung eine sehr pragmatische. Putzeimer lösen zum Beispiel ziemlich selten ein Hochgefühl aus. Dennoch ist die Größe vielleicht genau richtig, der Griff angenehm und die Farbe ist schön dezent. Außerdem passt sogar der Besen gut rein. Es ist der einzige im gesamten Haushalt und ohne ihn kann man nicht feucht wischen. Da hat man den perfekten Putzhelfer gefunden. Ein Eimer mit dünnem Metallhenkel hingegen, der immer beim Tragen von Zimmer zu Zimmer in die Hand schneidet, macht die Putzarbeit nur noch anstrengender.

Habe ich eine Freude daran?
Geschirrtücher mit einem schönen Design oder auch ein praktischer Handmixer können dir große Freude bereiten. Sie erfüllen nicht nur ihren Zweck, sondern du hast Spaß daran, sie zu benutzen. Auch Gegenstände rein zur

Dekoration und Pflanzen können in die Überkategorie des Haushalts eingeordnet werden. Das sind Dinge, die in der Regel keinen direkten Nutzen haben. Mit einem Bild kann man nichts Praktisches anfangen, aber es kann Freude spenden oder wertet einen bestimmten Ort entsprechend auf. Geschmäcker verändern sich allerdings mit der Zeit. Somit ist es völlig normal, wenn Dinge nach einer Weile doch wieder den Haushalt verlassen. Sie sind da, um Freude zu spenden und nicht um zu belasten.

Ist die Anzahl notwendig?
Benutzt du deine Sachen regelmäßig oder greifst du doch immer wieder zu den selben Dingen? Wenn man zum Beispiel in einem Küchenschrank zu viele Gläser unterbringt, werden die in der hintersten Reihe mit der Zeit verstauben. Der Grund dafür ist, dass man eben nur eine bestimmte Anzahl benutzt und diese frisch gewaschen zurück ins Regal stellt, bevor man an die hinteren Gläser kommt. Es macht dabei auch keinen Sinn die Gläser zwanghaft von hinten nach vorne zu rotieren, weil das einfach unnötig und umständlich wäre. Werden die überschüssigen Gläser wenige Male im Jahr für Gäste gebraucht, kann man eine sinnvolle Anzahl griffbereit im Abstellraum verstauen, alternativ stapelbare und platzsparende Becher kaufen oder die Gäste darum bitten einfach Gläser mitzubringen. So muss man sich nicht jeden Tag mit den Massen an Überschuss beschäftigen.

Optimiere deinen Haushalt.

Pflege und Kosmetik

In dieser Kategorie sprechen wir von Verbrauchsgütern und genau wie bei Lebensmitteln können diese schlecht werden. Kosmetika und Pflegemittel sollten daher je nach Produktart nicht unendlich lange aufbewahrt werden.

Mag ich es an mir und fühle ich mich wohl damit?
Bei Pflegeprodukten und Make-up ist es wichtig, dass man sich mit der Anwendung und dem Ergebnis wohlfühlt. Farben, Nuancen aber auch Gerüche und Pflegewirkungen spielen dabei eine große Rolle. Findet man die optimal pflegende Creme, das angenehm duftende Parfüm oder den passenden Lippenstift, liegt es meistens daran, dass es das Richtige für den eigenen Typ und den eigenen Geschmack ist. Beim Aussortieren dieser Kategorie kann man sich ruhig die Zeit nehmen, Dinge aufzutragen, daran zu riechen und sich im Spiegel zu betrachten. Das was dir am besten im Spiegelbild gefällt, ist auch das, was zu dir passt.

Benutze ich es in regelmäßigen Abständen?
Produkte, die man nie benutzt, sollten keinen Platz einfordern. Dennoch gibt es vielleicht Schätze in der Sammlung, die man nur für besondere Anlässe trägt. Wenn man da bereits seine Lieblinge gefunden hat und diese auch noch haltbar sind, dann sind sie natürlich herzlich willkommen.

Habe ich ähnliche Produkte?
Wenn man eine Vorliebe für eine bestimmte Farbfamilie hat, neigt man dazu einige Variationen davon zu kaufen. Häufig ähneln sich die Produkte dabei so, dass sie sich nur

noch in ihrer Konsistenz, Intensität und Wirkung unterscheiden. Dadurch findet man mit der Zeit seine Lieblinge. Eventuell zwingt man sich zwischendurch auch die minderwertigen Varianten zu tragen, damit das schlechte Gewissen beruhigt ist oder der Favorit geschont wird. Alle Produkte können wir aber innerhalb der Haltbarkeit wahrscheinlich nicht aufbrauchen. So ist es doch viel schöner, wenn wir nur behalten, was wir mögen und das erst mal aufbrauchen, bevor wir etwas Neues kaufen.

Ist es noch gut?
In erster Linie solltest du auf deine eigene Wahrnehmung hören. So sind unangenehme Gerüche oder ungewohnte Konsistenzen ein Indiz für den Verfall. Auch die Optik kann sich nach dem Kippen eines Produktes verändern. Wenn die Haut bereits mit Unreinheiten reagiert, ist bestimmt etwas nicht in Ordnung. Wer auf Nummer sicher gehen möchte, notiert sich den Tag, an dem das Produkt geöffnet wurde und schaut auf der Verpackung nach der Zeitangabe zur Verwendungsdauer. Das Symbol dafür ist ein kleiner runder Cremetopf mit offenem Deckel. Auf Produkten, die weniger als 30 Monate haltbar sind, ist ein Mindesthaltbarkeitsdatum abgedruckt, was durch ein kleines Sanduhrsymbol gekennzeichnet ist. Das ist natürlich nur ein Richtwert, denn wie bei Lebensmitteln auch, kann das Produkt zu diesem Zeitpunkt noch gut sein. Deshalb sollte man das Produkt einfach genau anschauen und auf Veränderungen achten.

ZEIT

Zeit ist ein wichtiges Instrument. Wer hetzt, wird aus der Aktion wahrscheinlich nichts lernen und dadurch würden sich keine dauerhaften Veränderungen einstellen. Man sollte deshalb genau in sich hinein hören und keine übereilten Entscheidungen treffen. Sonst stellt man entweder direkt viel zu viel in den Schrank zurück oder man ist übereifrig und muss später wieder einiges nachkaufen.

Das wichtige bei **#NURWASICHMAG** ist, dass wir uns selbst besser kennenlernen und dadurch werden wir mit der Zeit immer sicherer und auch schneller in unserer Wahl. Zudem müssen wir uns mit immer weniger Ballast beschäftigen, weil wir auch bei Neuanschaffungen bewusster zugreifen.

Für mich war der Faktor Zeit früher häufig ausschlaggebend für Fehlentscheidungen. So wollte ich das Schnäppchen im Laden niemand anderem überlassen und beim schnellen Aussortieren bin ich lieber auf Nummer sicher gegangen, falls ich die Dinge noch brauchen könnte. Innerlich habe ich mich dabei immer gehetzt gefühlt und eine schnelle Entscheidung von mir erzwungen. Das ist eher kontraproduktiv, denn wer unter Zeitdruck steht, neigt gern zum Hamstern. Stress lässt uns nicht klar denken und unsere inneren Instinkte plädieren immer für Sicherheit. Wenn wir also wirklich etwas verändern wollen, müssen wir uns auch die Zeit dafür nehmen.

BLICKWINKEL

Viele Dinge lassen sich nüchtern und objektiv bewerten. Beispielsweise sollte ein Gerät eben funktionieren und den gewünschten Zweck erfüllen. Bei anderen Kategorien spielen wir uns manchmal einen Streich und sind dabei nicht ganz ehrlich zu uns selbst.

Wenn wir vor unserem Kleiderschrank stehen und uns fragen, was wir nicht mehr brauchen, haben wir von vielen Dingen eine genaue Vorstellung, wie sie an uns aussehen und bei anderen spielt wohl eher eine Wunschvorstellung die Rolle. Ob dieses Bild tatsächlich (noch) der Wahrheit entspricht, erfahren wir nur, wenn wir die Sachen anziehen. Ja, auch hier sind wir wieder beim Thema Zeit, aber um ein Kleidungsstück bewerten zu können, sollte man es am besten tragen. Besonders für Kleidung und Accessoires ist dieser Test sehr wertvoll und differenziert.

Es gab zum Beispiel eine Stoffhose in meinem Schrank, die ich lange Zeit nicht getragen hatte. In meiner Erinnerung sah sie super aus und deshalb durfte sie so lange bleiben. Als ich die Hose dann aber für meine Videoreihe **#NURWASICHMAG** angezogen habe, bin ich lachend aus allen Wolken gefallen. Meine vermeintliche Traumhose war viel zu lang, saß unvorteilhaft und hatte einen unmöglichen Schnitt. Kurz gesagt, sie war furchtbar! So kann man sich selbst täuschen.

Anprobieren hilft wirklich sehr gut bei der Entscheidung, aber man sollte aufpassen, dass diese Gelegenheit nicht direkt zur nächsten Selbsttäuschung führt. Vielleicht kennst du das Phänomen, dass man sich beim eigenen Anblick im Spiegel aufrichtet und Kleidungsstücke dadurch in ihrer Bestform vorführt. Bei einem unbemerkten Foto, erschreckt man dann, wie das Ganze ohne die entsprechende Haltung aussieht. Hier tragen unvorteilhafte Kleidungsstücke einen großen Teil dazu bei.

Für eine objektive Betrachtung gibt es einen einfachen Trick. Der besteht darin, dass man sich vom Spiegel abgewendet anzieht und danach ein paar natürliche Bewegungen macht. Zum Beispiel ein Griff in das imaginäre hohe Regal oder man geht in die Hocke, als müssten die Schuhe gebunden werden. Anschließend kann man sich ohne Gezuppel zum Spiegel drehen und sich darin betrachten. Fällt der Stoff nun so wie er soll oder musst du erst einmal daran arbeiten bis alles ordentlich sitzt? Das werden diese Teile den ganzen Tag veranstalten, weil wir eben keine Puppen sind. Wir bewegen uns ununterbrochen und da wünschen wir uns Kleidung, die uns dabei unterstützt und uns von nichts abhält.

Wem der Anblick und der Eindruck vom Tragekomfort nicht für eine Entscheidung ausreicht, kann die Dinge direkt im Alltag probetragen. Wer darauf keine Lust hat, merkt wahrscheinlich selbst, dass es das Teil dann wohl nicht wert ist aufbewahrt zu werden.

Möglicherweise fällt es dir nicht so leicht, dich vor einem Spiegel richtig zu entspannen. Dann kannst du noch etwas anderes ausprobieren, was mir persönlich sehr geholfen hat. Ein Spiegelbild ist manchmal trügerisch und es lässt sich meist nur schwer bewerkstelligen, dass man sich auch wirklich von allen Seiten betrachten kann. Vielleicht sieht die Jeans von vorne hervorragend aus, aber tut sie das auch von hinten?

Durch einen einfachen Trick kann man genau das herausfinden! Dafür brauchst du nur ein Smartphone oder eine Kamera, denn damit nimmst du eine kleine Modenschau für dich selbst auf. Du solltest dabei nicht auf das Display schauen können, damit du dich im Anschluss vom Ergebnis überraschen lassen kannst.

Meine Ergebnisse der Aussortierrunden verschiedenster Kategorien findest du auf YouTube in meiner Playlist **#NURWASICHMAG**:

(http://bit.ly/nurwasichmag)

Ein Blickwinkel verändert manchmal alles.

MARKIERUNGEN

Markierungen helfen uns dabei zu sehen, welche Dinge wir tatsächlich benutzen und welche zum Schrankhüter geworden sind. Das ist eine weitere Möglichkeit, um objektiv feststellen zu können, ob die Teile ihren Platz verdient haben.

Kleiderstange
Viele wenden Markierungen bereits im Kleiderschrank an. Dabei dreht man alle Kleiderbügel andersherum als gewohnt und hängt sie so in den Schrank. Wird ein Kleidungsstück getragen, kommt der Hänger wieder »richtig« herum an die Stange. So sieht man genau, was man innerhalb eines definierten Zeitraums getragen hat. Hierfür bietet sich ein Rhythmus von zwölf Monaten an, damit die Beurteilung unabhängig von der Jahreszeit bleibt. Sonst hätte es Sommerkleidung im Winter sicherlich schwer. Ich hänge beispielsweise meine Kleiderbügel immer zu Jahresbeginn verkehrt herum in den Schrank und schaue am Ende des Jahres, was ich getragen habe.

Gefaltete oder gerollte Kleidung
Da man meist nur einen Teil der Kleidung auf Bügel hängt, gibt es auch eine praktische Lösung für alles andere. Zum Beispiel können diese Dinge von einem »ungetragen« zu einem »getragen« Fach wandern oder man faltet beispielsweise ein Stück Papier oder ein Röhrchen ein. Getragene Kleidungsstücke werden davon befreit. Ebenso lässt sich alles Ungetragene auf die Innenseite drehen und nach dem Tragen sauber und richtig herum falten. Eventuell macht es auch die Legerichtung im Schrank für dich aus. Da sind deiner Kreativität absolut keine Grenzen gesetzt. Textilien, die lange nicht getragen wurden, riechen häufig mit der Zeit etwas unangenehm. Deshalb bietet es sich an, alles mindestens ein Mal im Jahr zu waschen. Dabei kann man dann auch direkt die Markierungen prüfen.

Schuhe
Schuhe kann man super verkehrt herum in den Schrank stellen. Zum Beispiel dreht man alle Paare mit der Ferse nach vorn und nach dem Tragen kommt die Ferse nach hinten. Alle Schuhe, die einen auch nach Monaten nicht »anschauen«, wurden entsprechend lange nicht getragen.

Alles andere
Man kann fast alles im Haushalt markieren. Zum Beispiel lassen sich Halsketten aber auch Putzmittel mit Washitape oder Kreppband kennzeichnen. Das sind leichte Klebebänder, die sich rückstandslos und einfach entfernen lassen. Sobald etwas benutzt wurde, kommt das Tape weg und man kann sogar ein Datum darauf festhalten, wann man das Teil zum letzten Mal verwendet hat.

FESTER PLATZ

Alles, was keinen festen Platz hat, landet häufig an einem oder mehreren Sammelplätzen, die man einfach nicht sauber und ordentlich halten kann. Die Lösung für dieses Problem ist simpel – finde einen passenden Ort für alles. Wenn alles seinen festen und freien Platz hat, geht Aufräumen super schnell, weil man auch schon im Alltag alles wieder viel eher zurücklegt.

Geldbeutel, Lippenpflege, Kopfhörer und ähnliche Handtaschenartikel landeten bei mir früher immer auf dem Küchentisch. Passend dazu parkte meine Handtasche auf dem Küchenstuhl. Trotzdem war ich ständig auf der Suche nach dem Kram, weil ich auch dabei nicht konsequent genug war. Manchmal landete auch einiges davon auf dem Schreibtisch, im Bad, auf der Couch oder dem Nachttisch. Es hat mich so viel Zeit gekostet ständig auf die Suche zu gehen. Nun, da ich alle meine Handtaschen in einem Fach in meinem Kleiderschrank aufbewahre, habe ich in der Schublade darunter Platz für entsprechende Kleinigkeiten geschaffen. Wenn ich jetzt das Haus verlassen möchte, weiß ich genau, wo ich alles finde.

Anfangs hat man vielleicht noch nicht die Möglichkeit allem direkt einen Platz zuzuweisen, weil alles noch vollgestopft ist. Man arbeitet sich dann einfach langsam vor. Das Fach für meine Taschen habe ich zum Beispiel auch erst freiräumen müssen. Darin bewahrte ich nämlich vorher einen Teil meiner Kleidung auf. Durch das Ausmisten ergaben sich neue Freiräume, die ich sinnvoll nutzen konnte.

Möglicherweise werden dabei aber auch so viele Aufbewahrungsmöglichkeiten frei, dass du gar nicht mehr alle Fächer und Regale brauchst. Eventuell hast du aber auch andere Bedürfnisse und kannst alte unpraktische Schränke gegen etwas Besseres eintauschen.

FREIDENKER

Vielleicht fällt es dir schwer, dich von manchen Sachen zu trennen, weil du ihnen gegenüber ein schlechtes Gewissen empfindest. Das geht nicht nur dir so. Besonders bei Kuscheltieren oder anderen Teilen, die Augen besitzen, verspürt man beim Wegschmeißen ein ungutes Gefühl. Gegenstände haben aber keine Gefühle. Sie sind dir nicht böse, wenn du sie weitergibst oder gar entsorgst. Mach dich frei von solchen Sichtweisen und denk an dich und an das, was dich glücklich macht.

Mir hat es sehr geholfen Dinge als das zu betrachten, was sie nun mal sind – Dinge. Nicht mehr und nicht weniger. Unser Besitz macht uns nicht zu einem besseren Menschen und niemand muss sich darüber definieren. Ein Gegenstand macht uns nicht reicher oder besser. Was zählt, ist das, was wir daraus machen.

Mir wurde ein Mal eine interessante Frage gestellt, die mir dauerhaft zu denken gegeben hat. »Was würdest du retten, wenn dein Haus abbrennen würde?« Erst mal war ich irritiert von der Vorstellung. Als ich aber mit meiner

Liste begann, waren es sehr wenige Dinge, die darauf landeten und allen voran natürlich mein Partner. Wenn man Haustiere hat, stehen wohl auch die ganz weit oben.

Eine ähnliche aber nicht ganz so krasse Situation ist – »Wenn du nur zehn Dinge bei einem Umzug mitnehmen dürftest, was wäre das?« Führt man sich das vor Augen, kann man den eigenen Besitz viel freier betrachten und sich innerlich besser davon lösen.

Ich erinnere mich immer wieder gerne an einen wunderbaren Spruch, den ich zu hören bekam, als ich nach Feedback zu einem Kleid gefragt hatte. Die Antwort war: »Das Kleid ist toll und du unterstreichst seine Schönheit. Du hast es aber verdient, dass du ein Kleidungsstück trägst, das deine Schönheit unterstreicht und nicht umgekehrt«. Dieser Satz ist so einfach, aber es steckt eine große Bedeutung für mich dahinter. Nach diesem Motto handle ich mittlerweile bei vielen Dingen.

VERSTÄNDNIS

Es ist wichtig, dass du dich nicht übernimmst und dir zu viel am ersten Tag zumutest. Bist du voller Motivation, ist das super und niemand hält dich auf, aber geh Stück für Stück vor und höre auf, wenn du keine Lust mehr hast. Beende lieber eine Sache bevor du an der nächsten weiter machst. So siehst du viel schneller Erfolge, die dich motivieren werden, immer weiter dranzubleiben.

Es ist auch ganz normal, wenn du dich in der ersten Aussortierrunde noch nicht von allem trennen kannst, was du eigentlich loswerden möchtest. Setz dich nicht unter Druck. Vielleicht braucht es einfach noch ein wenig Zeit bis du dich wirklich von manchen Dingen verabschieden kannst. Du kannst immer wieder neue Aussortierrunden starten. So beugst du auch neuen Altlasten vor.

Jeder hat mal Tage, an denen man sich nicht wohl fühlt und da fällt es manchmal schwerer sich von Dingen zu trennen. Möglicherweise tut es dir aber in solchen Momenten auch ganz gut, dich von Ballast zu befreien. Schau dann einfach wonach du dich fühlst.

Sei nachsichtig mit dir selbst, denn du arbeitest bereits an dir! Darauf kannst du stolz sein.

---

*Auch kleine Schritte
führen zum Ziel.*

Motiviere dich selbst!

Sammle hier deine Gedanken. Was motiviert dich jetzt ganz besonders? Wo möchtest du am liebsten sofort starten?

KAPITEL

7

#nurwasichmag methode

#NURWASICHMAG METHODE

Jetzt heißt es bequeme Kleidung anziehen und Haare aus dem Gesicht. Wir starten mit dem praktischen Teil. Du hast jetzt die Möglichkeit deinen Alltag einfacher, deinen Kopf freier und dein Leben leichter zu machen.

---

*Nur Mut und viel Spaß
beim Auswählen deiner Schätze!*

---

1. MACH DIR EINEN PLAN

Nimm dir einen Block oder ein Notizbuch zur Hand und unterteile deinen Wohnraum in grobe Kategorien. Teilweise bietet es sich hier an nach Räumen oder Orten vorzugehen, aber häufig auch nach Dingen der selben Art. So liegen eventuell Bücher im Wohnzimmer, auf dem Nachttisch und Kochbücher in der Küche. Zählt man hier noch Zeitschriften hinzu, könnte der Bereich »Literatur« heißen. Der Vorteil daran ist, dass du dir wirklich die Masse vor Augen führen kannst, weil sich die Dinge sonst in der Wohnung verteilen. Außerdem fallen dir auch Dopplungen dadurch viel besser auf.

Du kannst deine Kategorien übrigens prima über eine Mindmap sammeln. Das ist wahrscheinlich einfacher, weil du so alles frei notieren und ergänzen kannst. Die Struktur ergibt sich daraus dann wie von selbst.

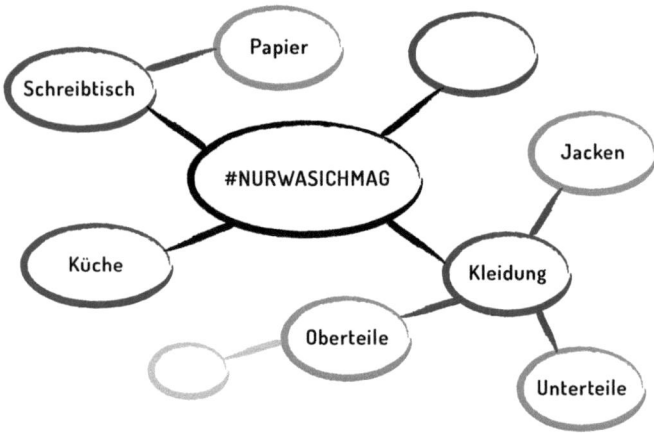

Die Überkategorien können wir nun in Unterpunkte weiter aufteilen. So ist der komplette Kleiderschrank anfangs eventuell überwältigend. Unterscheiden wir beispielsweise Oberteile, Unterteile und Unterwäsche, wird es schon deutlich übersichtlicher und vor allem auch machbarer. Außerdem setzen wir uns realistische zeitliche Ziele, was wir bis wann erreicht haben wollen. Es geht dabei nicht darum so schnell wie möglich zu sein, sondern wir motivieren uns damit selbst. Wer sich nämlich endlos Zeit gibt, wird sich meist auch endlos Zeit nehmen.

Je nach Ausgangssituation kann der Prozess einige Monate dauern. Bei anderen ist alles an einem Wochenende erledigt. Nimm dir die Zeit, die nötig ist. Lieber arbeitet man langsam und bedacht, als schnell und inkonsequent. Nur das Bewusstsein darüber, mit was wir uns umgeben wollen, schützt uns auch davor in alte Muster zu verfallen.

Wenn wir unsere Kategorien ausgewählt haben, legen wir daraus eine Liste an. In dieser können wir alles abhaken, was wir bereits geschafft haben. Zudem kannst du dir jeweils daneben auch deinen Zeitrahmen notieren. Bleib dabei flexibel und lass dich nicht entmutigen, wenn du dein Timing nicht ganz einhältst. Du stellst dich schließlich deiner ganz persönlichen Herausforderung.

Wenn du magst, kannst du an dieser Stelle auch einen Blick in das nächste Kapitel werfen. Da findest du die **#NURWASICHMAG** Challenge mit einzelnen Kategorien zum Abhaken. Diese lässt sich nach Belieben anpassen, ergänzen oder einfach direkt so übernehmen.

2. BEREICH AUSWÄHLEN

Nimm deine Liste zur Hand, denn jetzt geht's los. Suche dir einen Startpunkt aus und zögere nicht deine Reihenfolge der Kategorien während des Prozesses anzupassen. Eventuell sticht dir ein Bereich sofort ins Auge, weil du einfach Lust darauf hast oder er nervt dich schlicht weg ganz besonders.

Beginne womit du möchtest, aber am besten nicht unbedingt mit emotionalem Schnickschnack. Da fällt die Bewertung nämlich besonders schwer, weil eben emotionale Faktoren hinzukommen. Übe besser erst mit den anderen Kategorien, um dann zielsicher auch hier ans Werk zu gehen. Sonst hältst du dich selbst unnötig auf.

Wenn dir während des Aufräumens derartiger Krimskrams in die Hände fällt, kannst du dafür eine kleine Kiste anlegen. Hier kommt alles rein, was dich aufhält und sich noch nicht eindeutig zuordnen lässt. So kommst du schneller voran und die Kiste lässt sich am Ende wesentlich besser auswerten, wenn du bereits Übung hast. Putzmittel, Küchenutensilien und auch Kleidung hingegen eignen sich meistens sehr gut für den ersten Schritt. Such dir am besten etwas aus, bei dem du die »EINFACHEN HELFER« aus dem vorherigen Kapitel anwenden kannst.

Sammle nun die Teile von deinem gewünschten Startbereich auf einem Haufen zusammen und leere dabei die entsprechenden Aufbewahrungsflächen möglichst komplett. Am besten breitest du alles vor dir auf dem Boden oder einer anderen Fläche aus, wo die Dinge normalerweise nicht liegen. Wir wollen sie schließlich neutral betrachten und nicht in ihrer gewohnten Umgebung. So erhältst du einen objektiven Überblick.

Oftmals bleiben bei Aufräumaktionen Dinge einfach an ihrem Platz, weil sie da schon immer waren oder im Gesamtzusammenhang irgendwie richtig wirken. Man hat ein bestimmtes Bild davon im Kopf abgespeichert, wie es ist, sich anfühlt oder funktioniert. Ohne den gewohnten Zusammenhang kann man die Dinge neutraler betrachten.

Starte mit Bereichen, die dir leichter fallen, damit dich die Erfolge motivieren.

---

3. BESTANDSAUFNAHME

Manchmal ist die Masse, die sich vor einem ausbreitet, so überwältigend, dass es einen fast erschlägt. Man kann sich der erdrückenden Menge so voll bewusst werden und sich nicht davor verstecken.

Ich hatte zum Beispiel früher meine Bücher in der ganzen Wohnung verteilt. Das wirkte jeweils gar nicht so viel. Als ich dann aber alles zusammen auf dem Boden stapelte, wurde mir das Ausmaß meiner Sammlung wirklich bewusst. Das machte mir Mut, mich von einigen zu trennen.

Nun da alles vor uns liegt, können wir frisch ans Werk gehen. Mach dir jetzt erst mal noch keine Gedanken über die spätere Aufbewahrung. Du bist völlig frei.

Sammelst du vielleicht manche Dinge, wie zum Beispiel Filme oder Make-up? Dann ist das die perfekte Möglichkeit eine Inventarliste zu beginnen. Das kannst du auf Papier machen oder besser noch digital. So hast du auch unterwegs den Überblick und vermeidest, dass du versehentlich etwas Ähnliches oder gar etwas doppelt kaufst.

Ebenso kannst du dir während der gesamten Aktion notieren, was du dir noch wünschst und brauchst. Es geht nämlich nicht darum unbedingt weniger zu besitzen, sondern festzustellen, was dich glücklich macht und dir den Alltag erleichtert. Wenn du etwas Ungeliebtes gehen lässt, hast du auch Raum für neue Dinge, die du magst.

4. AUFBEWAHRUNGSORT PRÜFEN

Wenn wir alles aus unseren Schränken und Regalen holen, haben wir die Möglichkeit uns die Aufbewahrung ganz genau anzusehen. Nicht nur die Dinge darin sollten uns wichtig sein, sondern auch der Ort, an dem sie sich normalerweise befinden.

Als du deine Wohnung zum ersten Mal betreten hast, stand sie wohl fast leer. Eventuell hat der Vormieter ein paar Möbel hinterlassen und du konntest dich möglicherweise über eine Einbauküche freuen. Dann kam der Einzug mit Kartons voller Kleidung, Geschirr und Krimskrams. Um alles zu verstauen, brauchtest du Schränke und Regale. Das genügte zu Beginn wunderbar, doch es kamen mit der Zeit neue Sachen hinzu. Vielleicht hast du dir auch zusätzliche Aufbewahrungsmöglichkeiten besorgt, was zunächst optisch einen großen Effekt haben kann.

So breitet man sich zunehmend aus und auch der Krempel in der Wohnung wird immer mehr. Das ist logisch, wenn immer Neues nachkommt und Altes nur besser verstaut wird. Gefühlt hat man einfach nie genug Platz. Das liegt aber nur daran, dass wir ständig versucht haben, freie Flächen zu nutzen und zu füllen.

Wenn man den Stauraum dieser Sachen nicht limitiert, wächst der Bestand immer weiter. Das heißt, wir sollten unseren Dingen einen bestimmten Raum zuweisen, den sie nicht überschreiten dürfen. So entscheidest du dich beispielsweise für ein schönes Schuhregal und legst damit fest, wie viele Paare darin Platz finden dürfen. Kommen neue Exemplare hinzu, sollte ein altes gehen. So kannst du sicher stellen, dass dich dein Krempel niemals überschwemmt. Das Prinzip ist simpel und dennoch denkt man häufig nicht darüber nach.

Ich persönlich habe immer ein bis zwei freie Plätze im Schuhschrank, damit ich mich nicht im Moment der Neuanschaffung von einem alten Modell trennen muss, sondern dann, wenn ich dazu bereit bin. Das heißt, ich sortiere im Prinzip immer zwischendurch aus, weil ich das viel angenehmer finde.

Lege Grenzen fest.

Es kann natürlich sein, dass dein ursprüngliches Regal für deine »Wohlfühl-Menge« bestimmter Dinge von Anfang an zu klein war. Deshalb hast du dir noch weitere Ergänzungen gekauft. Überlege dir, wie viele Exemplare sich für dich richtig anfühlen oder wie viele davon du regelmäßig benutzt. Vielleicht verkaufst du am Ende das Sammelsurium an Regalen, Brettern und Kartons, um dir einen wundervollen Ort für deine auserwählten Schätze zu erschaffen und sie somit angemessen zu würdigen.

Wir dürfen uns an dieser Stelle eingestehen, dass uns die zusammengewürfelten Regale noch nie gefallen haben oder dass der tolle Schrank unpraktisch oder gar zu groß ist. Du kannst dich mit Bedacht auf die Schatzsuche nach deinem perfekten Aufbewahrungsort begeben. Vielleicht möchtest du ihn sogar in Handarbeit selbst herstellen oder dein bestehendes Regal verändern. Ein dunkler Schrank wird beispielsweise durch weiße Farbe direkt viel klarer. Es besteht auch die Möglichkeit überflüssige Bretter zu entfernen oder weitere hinzuzufügen. Denk darüber nach, was du gerne magst, schön findest und brauchst, damit es für deine Zwecke angemessen ist.

Als ich damit begonnen hatte sogar Möbelstücke auszusortieren, fühlte ich mich anfangs etwas überfordert. Das waren ja keine Kleinigkeiten, sondern auch große Teile und ich wusste nicht wohin damit. Da es dir vielleicht genau so gehen könnte, habe ich einige Lösungsmöglichkeiten für dich in diesem Buch gesammelt. Denen widmen wir uns gleich.

---

*Erschaffe Lieblingsorte für
deine Schätze.*

Wenn man einen definierten Ort für Dinge gefunden hat, kann man den Moment auch prima nutzen, wenn sich der Inhalt in der Bestandsaufnahme befindet. Innerhalb weniger Sekunden lässt sich dann endlich mal richtig durchwischen und das fühlt sich sofort frisch, frei und sauber an. Außerdem macht das Zurückbringen der später auserwählten Lieblingsteile direkt viel mehr Spaß.

5. SCHÄTZE AUSWÄHLEN

Jetzt kommen wir zum schönsten aber auch gleichzeitig manchmal zum schwierigsten Teil der **#NURWASICHMAG** Methode. Da unser Aufbewahrungsort nun leer steht und entsprechend der ganze Inhalt vor uns ausgebreitet ist, dürfen wir einen Neuanfang starten. Nichts muss zurück geräumt werden. Du kannst frisch entscheiden, was du behalten möchtest.

Suche dir im ersten Schritt nun aus der Masse erst mal die Dinge aus, die dir sofort positiv ins Auge stechen. Das sind meistens Sachen, die du gerne und regelmäßig benutzt, die dir Spaß machen und die du definitiv behalten solltest.

Wenn du dabei etwas entdeckst, das du direkt wegtun möchtest, dann nur zu! Es geht bei **#NURWASICHMAG** allerdings nicht darum etwas auszusortieren, sondern darum Dinge auszuwählen, die du magst. Der positive Gedanke dahinter ist viel angenehmer, weil du entscheidest, was du behältst und nicht, was du weggeben musst. Das ergibt sich nämlich ganz automatisch, aber die Stimmung wird dadurch während der Aktion nicht gedrückt.

Stell dir nun vor, du hast einen imaginären Geldbeutel, in dem sich nur so viel Geld befindet, dass du dir nochmal alles vor dir kaufen kannst, was dich glücklich macht. Für welche Dinge würdest du sofort wieder den Neupreis bezahlen? Was würdest du nachkaufen, wenn es kaputt ginge? Für was würdest du bei einem Umzug bezahlen, damit du es mitnehmen darfst?

Ich wiederhole mich, aber nimm dir wirklich die Zeit, die du brauchst. Es ist viel effektiver und befriedigender, wenn du jede Sache in Ruhe betrachtest. Du lernst dich dabei selbst besser kennen und das hilft dir dabei dich vor zukünftigen Fehlkäufen zu bewahren.

Lerne dich selbst besser kennen.

Es ist ein tolles Gefühl, wenn man Entscheidungen so bewusst und überdacht treffen kann und dennoch auf sein Bauchgefühl hören darf. Nicht alles lässt sich mit reiner Logik nach Funktionalität und Qualität beurteilen.

Vielleicht ist es ein altes Stofftier, das dir große Freude bereitet. Es weckt schöne Erinnerungen und deshalb willst du es auf jeden Fall behalten – zu Recht! Wenn dich dieses kleine Ding so glücklich macht, hat es aber auch einen schönen Platz verdient und sollte nicht in einer Kiste unter dem Bett vergammeln. Vielleicht möchtest du deinen Schatz aber auch nicht unbedingt öffentlich präsentieren und auch dafür gibt es eine Lösung.

Mein »geheimer Ort« dafür befindet sich im Kleiderschrank. Dort habe ich auf Hüfthöhe ein Brett. Darunter befinden sich Schubladen und ganz oben eine Kleiderstange. Meine Kleider hängen genau so tief, dass sich meine kleine Kuscheltier-Bande perfekt auf dem Brett wohlfühlen kann. Sie schauen mich an, wenn ich mir Kleider für den Tag aussuche und ich kann mich jeden Tag daran erfreuen.

Stand – April 2017

Betrachte alles, was vor dir liegt. Du darfst frei entscheiden, was du davon wieder einräumen möchtest und du kannst es dir erlauben wirklich nur nach deinen Favoriten zu greifen. Manche Dinge sind einfach wichtig und einiges macht dich unglaublich glücklich. Anderes kannst du aber auch ohne schlechtes Gewissen gehen lassen. Nichts davon ist verschwendet. Es hatte für dich bereits seinen Zweck. Entweder war es das Erlebnis des Kaufes, die Begleitung zu einem wundervollen Event oder es zeigt dir nun ein für alle Mal, dass Dinge in dieser Art nichts für dich sind. Es hat seine Aufgabe somit erfüllt. Dafür bist du dankbar und das genügt. Alles was du besitzt, möchte benutzt werden und wenn du das nicht tust, ist das schlimmer, als wenn du etwas weggibst. Möglicherweise kannst du damit sogar jemandem Gutes tun oder dir ein kleines Taschengeld zurückholen.

Gib Ungeliebtes frei.

---

6. EINRÄUMEN

Deine Lieblingsteile dürfen nun an ihren Platz. Denke dabei nicht darüber nach, was richtig sein könnte, sondern höre darauf, was sich für dich gut anfühlt. Du kannst dich frei verwirklichen und dir dein ganz persönliches Reich erschaffen. Umgib dich mit allem was du magst!

An dieser Stelle möchte ich gerne einschieben, dass man natürlich beim Zusammenleben mit anderen Menschen auch auf deren Bedürfnisse Rücksicht nehmen sollte. Eure Wunschvorstellungen müssen sich nämlich nicht decken. Allerdings sollte jeder seinen eigenen kleinen Bereich haben und wenn es nur ein Teil des Zimmers ist, das du nach deinen Wünschen gestalten kannst.

Außerdem ist wohl eine aufgeräumte Wohnung im Interesse der meisten Leute. Vielleicht haben sie nur keine Lust dir zu helfen. Bitte denk daran, dass man niemanden zum Ausmisten und Aufräumen zwingen sollte. Am besten kümmerst du dich erst mal um dein Gerümpel und meistens schließen sich andere nach einer Weile ohnehin an. Geh einfach mit gutem Beispiel voran. Sollte dem nicht so sein, bitte ich dich, nicht zum wütenden Putzteufel zu werden. Überlege dir, für wen du das alles tust – für dich!

In meinem Kleiderschrank hat sich übrigens während des Prozesses nicht nur etwas an der Menge der Kleidung geändert, sondern auch an der Art der Aufbewahrung. Wenn man genug Platz hat, kann man Dinge viel schöner herrichten und anordnen. Da macht der Blick in den Schrank einfach unglaublich viel Freude. Außerdem hat man das Gefühl, dass die Kleidung dadurch viel frischer bleibt. Sie wird nämlich nicht mehr zusammengepresst, sondern hat »Luft zum Atmen«.

T-Shirts, Stand – August 2010

Leichte Pullover & T-Shirts, Stand – April 2017

Ich möchte, was die Kleiderschrank-Organisation betrifft, unbedingt auf das Buch »Magic Cleaning« von Marie Kondo verweisen. Auch wenn nicht alles darin meiner persönlichen Überzeugung entspricht, konnte ich doch sehr viel in Sachen Schrankstrukturen von ihr lernen. So staple ich mittlerweile weder Hosen noch T-Shirts, sondern falte sie kompakt zusammen und lege sie in einer Schublade hinter einander weg. Dadurch sieht man alles, was man hat und kann ein Teil herausziehen, ohne dass alles andere durcheinander gerät.

Da Marie Kondo diese Techniken bereits wunderbar in ihrem Buch erklärt hat, möchte ich hier nicht weiter darauf eingehen. Auf meinem YouTube Kanal seht ihr aber immer wieder meine persönlichen Ergebnisse und ich kann euch das Werk wirklich wärmstens ans Herz legen.

7. WEG DAMIT!

Du hast bereits eine große Veränderung vollbracht und darauf kannst du stolz sein. Deine Schätze haben dank dir ein schönes Plätzchen gefunden. Für das übrige Zeug brauchen wir jetzt noch eine Lösung, damit es schnell dein Heim verlässt. Viele schreckt genau dieser Moment so sehr ab, dass sie gar nicht mit dem Aussortieren beginnen wollen und stattdessen lieber weiter alles in die Schränke stopfen bis gar nichts mehr geht. Du hast aber tolle Möglichkeiten, was du mit den Sachen machen kannst und du wirst sehen, dass du auch das in den Griff bekommst.

Verkaufen

Dinge in gutem oder gar neuwertigem Zustand kannst du meistens recht gut verkaufen. Das gilt auch besonders für größere Dinge, wie zum Beispiel für Möbel. Ich habe schon sehr gute Erfahrungen mit kostenlosen Anbietern gemacht, über die ich fast den Neupreis für einige Teile erhalten habe. Bevor du dich nun aber direkt an den Verkauf machst, solltest du dir vorher überlegen, wie viel deine Zeit wert ist. Wenn du beispielsweise ein T-Shirt online verkaufen möchtest, sollte es sich für dich lohnen. Man muss es schließlich fotografieren und eine Artikelbeschreibung verfassen. Zudem gehört auch die Kaufabwicklung, das Verpacken und der Versand dazu.

Da solltest du für dich abwägen, ob derartiger Kleinkram deine Lebenszeit wirklich wert ist. Manchmal ist es in diesen Fällen besser, wenn man die Sachen verschenkt oder spendet. Jetzt widmen wir uns den Dingen, die einen ausreichend hohen Wiederverkaufswert haben.

Flohmarkt
Beginnen wir mit dem guten alten Flohmarkt. Er ist eine wunderbare Möglichkeit die Freude direkt weiterzugeben und das Glück in den Gesichtern anderer zu sehen. Wenn man solche Märkte als anstrengend oder langweilig empfindet, lässt sich daraus auch eine gemeinsame Aktion mit Freunden oder Familienmitgliedern machen. Zudem kann man gemeinsam auch besser einen weit entfernten Flohmarkt wahrnehmen und sich die Standmiete teilen.

Garagenverkauf und Straßenflohmarkt
Der große Vorteil am Garagenverkauf ist natürlich, dass die Besitztümer nicht weit transportiert werden müssen. Außerdem kommt man dadurch vielleicht mit unbekannten Nachbarn in Kontakt. Da sich die Garage wohl aber meist in einer Wohngegend befindet, müssen die Leute dich und deine Sachen erst mal finden und davon erfahren. Vielleicht wäre das auch eine Möglichkeit für dich mit deinen Nachbarn gemeinsame Sache zu machen und einen Straßenflohmarkt zu veranstalten.

Secondhandshop
Besonders Markenkleidung, Schuhe und hochwertige Accessoires kannst du zu einem Secondhandshop in deiner Umgebung bringen. Der Vorteil daran ist der relativ geringe Aufwand. Man bringt häufig nach Terminvereinbarung eine Auswahl an Dingen zum Laden und die Mitarbeiter dort entscheiden, welche Teile sie in den Verkauf aufnehmen. Damit ist deine Arbeit getan. Du kannst nach einer vereinbarten Zeit die übrig gebliebenen Sachen wieder abholen und dir das Geld auszahlen lassen.

Zeitung
Kleinanzeigen in Zeitungen sind besonders für Möbel und Sammlerstücke eine gute Verkaufsmöglichkeit. Allerdings sind die Anzeigen meist mit Kosten verbunden. Daher lohnt sich diese Möglichkeit nicht unbedingt für Sachen mit einem geringen Wert. In diesem Fall könntest du dir die Sparte »gute Tat« anschauen. Da kann man Dinge wenigstens kostenlos verschenken.

Re-Commerce
Im Internet findest du selbstverständlich ein breites Angebot, um deine Sachen loszuwerden. Es gibt zum Beispiel Re-Commerce-Portale, die eine sehr einfache und schnelle Lösung bieten. Damit bezeichnet man Plattformen, die sich auf den Ab- und Verkauf von Gebrauchtem spezialisiert haben. Häufig ist das aber auf bestimmte Produktgruppen begrenzt, wie zum Beispiel auf Elektronik, Bücher und DVDs. Außerdem achten sie auf den Zustand der Artikel und die Wiederverkaufschancen. Man bekommt die Möglichkeit Teile mit Barcode abzuscannen oder sie anhand ihres Titels einzugeben. Für jede Sache wird ein Wert geboten und wenn man damit einverstanden ist, gibt es auch noch ein kostenloses Versandetikett dazu. Der Preis, der geboten wird, ist häufig sehr gering. Man darf dabei wirklich nicht an das Geld denken, das man beim Kauf bezahlt hat und ebenso wenig an den Wert, den man selbst dafür zahlen würde. Hier steht die super schnelle und einfache Abwicklung im Vordergrund. Man hat das Überflüssige sofort los und bekommt sogar noch eine Kleinigkeit dafür.

Verkaufsportale
Natürlich gibt es auch die klassischen Onlineplattformen für Versteigerungen oder Kleinanzeigen. Auch Flohmarkt-Apps sind eine praktische Lösung, wenn man nicht all zu große Mengen verkaufen muss. Da kann es sonst auch wieder aufwendig werden. Außerdem sollte man bei großen Massen aufpassen, dass man nicht den Eindruck erweckt, man würde gewerblich handeln.

Tauschen

Hast du schon mal über eine Tauschparty nachgedacht? Das ist besonders praktisch, wenn du Freunde und Bekannte hast, die den selben Prozess durchmachen, wie du. Derartige Treffen sind eine schöne Möglichkeit neues zu entdecken und altes weiterzugeben. Es kann durchaus vorkommen, dass sich einzelne Stücke zur falschen Person verirrt haben und so zu ihrem richtigen Besitzer gelangen. Auch online gibt es örtliche Tauschgruppen. Social Media bietet sich dafür hervorragend an.

Der große Vorteil am Tauschen ist, dass man dabei kein Geld ausgibt und dennoch frischen Wind nach Hause bringen kann. Im Gegenzug verlässt aber auch immer etwas deine vier Wände, das du ohnehin nicht mehr so gerne mochtest.

Verschenken

Online findest du dankbare Gruppen, deren Mitglieder sich über dein Angebot freuen werden. Viele Städte haben eine »Verschenk´s [Ortsname]« Seite und da hat man auch wieder den Vorteil, dass die Sachen abholt werden. Das selbe gilt auch für die »gute Tat« in der Zeitung.

Familie, Freunde und Bekannte sind vielleicht auch an potentiellen neuen Schätzen interessiert. Dabei ist es wichtig, dass sie sich nicht dazu gezwungen fühlen Dinge zu retten.

Arbeitskollegen, Nachbarn oder andere Mieter im Haus sind ebenso oftmals dankbar für eine schöne Auswahl an Dingen, die ihnen kostenlos angeboten wird. Es sollte jedoch nicht jeder Krempel im Treppenhaus abgestellt werden und falls die Sachen nach ein paar Tagen nicht weg sind, ist es deine Verantwortung dich darum zu kümmern.

Werbegeschenke, wie Kugelschreiber und Streichhölzer, sorgen wohl in einigen Haushalten für einen Anteil des Krams. Ich hatte dadurch zum Beispiel eine ordentliche Stofftaschensammlung. Es war immer so viel Aufwand sie alle ordentlich aufzubewahren. Gebraucht habe ich gleichzeitig maximal fünf davon und das auch nur wenn ich wirklich viel zu transportieren hatte. So habe ich mir meine Lieblingstaschen ausgesucht, den Rest gewaschen, einzeln zusammengelegt oder gerollt und dann mit einem Zettel in eine kleine Kiste gepackt. Das ganze lag nur drei Tage vor unserer Haustür und am Ende war alles weg.

Spenden

Spenden ist eine wunderbare Sache. Man macht andere glücklich und ist alles auf einen Schlag los. Allerdings ist das nicht immer so einfach. Viele Einrichtungen nehmen nur saisonal passendes an, da der Platz natürlich auch begrenzt ist. Das sollte aber bitte niemanden davon abhalten sich im Bekanntenkreis, der Ortsverwaltung oder online umzuschauen. Vielleicht ergibt sich dadurch sogar ein unmittelbarer Weg der Übergabe.

Altkleidercontainer sind natürlich eine schnelle und einfache Lösung. Diese nehmen häufig nicht nur Kleidung, sondern auch Dinge wie Bettwäsche, Handtücher und Schuhe. Was damit anschließend genau geschieht, darüber gibt es einige Dokumentationen. Ich persönlich bringe dort aussortierte Bettwäsche, Kleidung und alte Taschen hin, weil es mir die Last sofort abnimmt. Allerdings muss ich gestehen, dass ich das nicht gerne selbst mache, weil mich diese große endgültige Klappe eher abschreckt. Das mag aber vielleicht auch nur mir so gehen.

Online gibt es ebenfalls diverse Anbieter zum Spenden. Sie stellen häufig ein kostenloses Versandetikett zur Verfügung, um Altkleider einzusenden. Natürlich steht auf den jeweiligen Seiten dann beschrieben, was mit den Dingen anschließend passiert. Eine gute Anlaufstelle hierfür ist zum Beispiel die Deutsche Kleiderstiftung. *www.kleiderstiftung.de > Kleider spenden im Paket*

Es gibt auch Versandhäuser und Bekleidungsgeschäfte, die sich in diesem Bereich engagieren. H&M bietet zum Beispiel mit der Conscious Aktion Pappcontainer in ihren Filialen, in die man jegliche Kleidung abgeben kann. Der Zustand der Textilien ist dabei völlig egal. Sie werben damit, dass sie für alles noch einen Zweck finden. So werden völlig untragbare Dinge als Brenn- oder Füllmaterial eingesetzt. So entsteht weniger Müll und alles wird restlos verwertet.

Außerdem kann man Aussortiertes auch bei Einrichtungen vor Ort abgeben. Die Caritas ist deutschlandweit sehr aktiv. Bei größeren, gut erhaltenen Dingen bieten sie sogar an, beim Transport zu helfen. Soziale Einrichtungen sind ebenso dankbar für jede Unterstützung. Tierheime sollte man dabei auch nicht vergessen. Besonders Decken und Kissen sind für die Vierbeiner wertvoll. Natürlich ist auch das Deutsche Rote Kreuz eine hilfreiche Anlaufstelle vor Ort. Sie sorgen dafür, dass Bedürftige gezielt Unterstützung finden.

Tu Gutes – für dich und für andere.

Upcycling

Manche Dinge möchte man einfach nicht loslassen. Benutzen tut man sie allerdings auch nicht mehr. Hast du schon mal darüber nachgedacht, dass etwas vielleicht einfach nur nicht mehr für den ursprünglichen Zweck taugt?

Eventuell hast du ein T-Shirt, das du nicht mehr draußen tragen möchtest, weil es dir nicht mehr altersgerecht erscheint oder zu deinem Stil passt. Was hältst du davon, es in Zukunft als Schlafshirt zu tragen?

Kleidung, die zu groß oder zu lang ist, kann man anpassen lassen. Eventuell sind dir aber auch nur die Ärmel an einem schönen Print-Shirt zu eng. Daraus kannst du mit wenigen Schnitten ein luftiges Tanktop zaubern.

T-Shirt DIY – youtu.be/-vU_FEbP7_4

Wenn ein Kleidungsstück ausgewaschen ist oder dir die Farbe nicht mehr gefällt, lässt es sich umfärben. Das ist vor allem eine gute Lösung, wenn dir der Schnitt und das Material ansonsten sehr gut gefallen. Möbelstücke können neu gestrichen werden und Griffe lassen sich austauschen. Ein alter Spiegel wird mit vier Beinen zum Tisch und aus einer alten Teebox lässt sich ganz einfach eine Schmuckschatulle herstellen.

Schmuckbox DIY – youtu.be/wRdtH0XibSw

Setze Erinnerungstücke wundervoll in Szene und gib ihnen einen neuen Wert. Alte Manuskripte werden in einem Bilderrahmen zur wahren Kunst. Eine alte Tasse wird zum Stiftehalter und geerbte Bücher mit schönen Einbänden werden zum Geheimversteck im Regal. Es gibt so viele kreative Ideen, um alten Schätzen durch Upcycling neuen Glanz zu verleihen. Online findest du unzählige Anleitungen und Anregungen dazu.

Entsorgen

Wenn alle bisher genannten Möglichkeiten nicht in Frage kommen, müssen manche Dinge einfach entsorgt werden. Wahrscheinlich braucht wohl niemand leere Verpackungen oder alte Gebrauchsanweisungen von Dingen, die man möglicherweise nicht mal mehr besitzt. Schlecht gewordene Kosmetika und Pflegeprodukte sowie ungenießbare Lebensmittel dürfen ebenfalls gehen. Derart kleiner Kram kann ganz einfach über den Hausmüll sortiert und entsorgt werden.

Große und sperrige Lasten, wie zum Beispiel Möbel, aber auch Sondermüll können beim örtlichen Wertstoffhof oder notfalls beim nächsten Sperrmüll abgegeben werden.

Glas gehört in den Glascontainer und für Batterien sowie für Glühbirnen gibt es Sammelstationen in diversen Super-, Drogerie- und Baumärkten. In letzterem kann man zum Beispiel auch Farbreste und Lacke loswerden.

KAPITEL

8

#nurwasichmag
challenge

#NURWASICHMAG CHALLENGE

Jetzt gehen wir gemeinsam ans Werk und gestalten zusammen dein Reich der Träume, der Gelassenheit, der Freude und der Zeit für die schönen Dinge im Leben.

EINFACHE ANWENDUNG

Viele verbringen wohl einen Großteil des Alltags mit Beruf, Studium, Schule oder dem Haushalt. Das heißt auch, dass es eher unrealistisch ist, dass man mehrere Tage am Stück von morgens bis abends an der Umgestaltung der eigenen vier Wände arbeiten kann. Deshalb gibt dir die **#NURWASICHMAG** Challenge die Zeit, die du deinen Lebensumständen nach entsprechend brauchst.

Die Teilziele sind so angelegt, dass du eins davon pro Woche angehen kannst, alle am Stück durchziehst, Pausen einlegst oder deinen eigenen Rhythmus findest. Auch was den Start und das Finale betrifft, ist es ganz deinen Bedürfnissen überlassen, wo du einsteigen möchtest. Vielleicht hängst du viel mehr an Kleidungsstücken, als an alten Zeitschriften oder sammelst ausgerechnet diese und möchtest lieber mit dem Medizinschrank beginnen. Hake die Teilschritte in deiner bevorzugten Reihenfolge ab. So weißt du genau, was noch auf deiner persönlichen To-Do-Liste steht und was du bereits erreicht hast. **#NURWASICHMAG** setzt dir keine Greznen, sondern gibt dir den Freiraum, den du brauchst.

Damit wir stetig motiviert bleiben, wollen wir uns gegenseitig unterstützen. Auf der Webseite **nurwasichmag.de** veröffentlichen wir gemeinsam unsere Ergebnisse mit Vorher-Nachher-Bildern. Außerdem findest du dort eine Videoreihe passend zur Challenge.

(nurwasichmag.de)

Lass uns beginnen, Schätze entdecken und Erfolge feiern.

SCHRITT FÜR SCHRITT ZUM GLÜCK

Jede Aufgabe beginnt mit einer kleinen Sprechblase, die du abhaken kannst. Auf **nurwasichmag.de** findest du die passende kostenlose PDF zur Challenge zum Download.

(nurwasichmag.de/challenge.pdf)

1 – Putzzeug

Wir holen heute unsere Sprays, Besen, Lappen und Sauberkeitsmittelchen aus ihren Verstecken. Diese Dinge sind wahrscheinlich mit recht wenigen Emotionen behaftet, was uns den Prozess deutlich einfacher macht.

» Erfüllt es seinen Zweck?
» Benutze ich es regelmäßig?
» Erleichtert es mir die Arbeit?

Dann darf es bleiben.

» Habe ich etwas Besseres?
» Ist es unpraktisch oder umständlich?
» Ist es nutzlos?

Dann kann es weg.

Welchen Ort säuberst du am liebsten und warum?

2 – Medikamente

Medikamente können wir relativ nüchtern betrachten. In diesen Bereich zählen Inhaliergeräte, Taschentücher, Nasensprays, Medizin, Pflaster, Verbandszeug, Wärmflaschen und alles, was dir dazu sonst noch einfällt.

» Ist es noch brauchbar / haltbar?
» Ist es wahrscheinlich, dass es jemals gebraucht wird?
» Hat es mir geholfen?
» Ist es besser als ähnliche Produkte?

Ja? Dann darf es bleiben.

Notiere hier deinen Medikamentenbestand mit dem jeweiligen Verfallsdatum.

3 – Unterwäsche

Was man drunter trägt, hat oftmals große Auswirkungen auf das eigene Wohlbefinden. Unbequeme oder nicht passende Unterwäsche kann uns im Alltag den letzten Nerv rauben. Außerdem können diese Kleidungsstücke auch Einfluss auf unser Selbstwertgefühl haben. Deshalb solltest du dich darin einfach gut fühlen.

» Gefällt mir der Schnitt und die Passform?
» Fühle ich mich gut damit und fühlt es sich gut an?
» Ist es frei von Flecken und Löchern?
» Sitzt es gut und »fest«?
» Drückt, rutscht und zwickt es nicht?
Super!

Wenn du dich von all deinen ungeliebten Sachen trennst, darfst du dir auch mal schöne, neue Unterwäsche gönnen.

Mache dir hier eine kleine Einkaufsliste.

4 – Kleidung für draußen

Jetzt gehen wir an alles, was man drüber trägt. Das heißt, alles was du meist an kühleren Tagen oder als modisches Accessoire verwendest. Wie du an der Beschreibung vielleicht schon erkennen kannst, sind das Dinge, die du nicht jeden Tag im Jahr tragen wirst. Somit merkst du selbst, dass du davon wahrscheinlich nicht so viel brauchst.

- » Fühle ich mich wohl damit?
- » Hält es mich ausreichend warm oder schützt es mich?
- » Ist es frei von Fehlern, Löchern und Flecken?
- » Trage ich es regelmäßig?

Das darf so was von bleiben!

Wie sieht dein perfektes »Outfit für drüber« aus? Was ist dir daran wichtig?

5 – Oberteile und Kleider

Wir holen nun all unsere Pullover, T-Shirts, Tanktops, Jäckchen, Blusen, Hemden und alles andere, was deinen Oberkörper sonst bekleidet, aus dem Schrank. Oberteile von klassischen Schlafanzügen und Sportkleidung zählen wir nicht dazu, weil wir uns diesen Bereichen an einem anderen Tag widmen werden. Kleider und Hosenanzüge kommen aber auch auf den Haufen. Ja, es darf ruhig wahllos aufs Bett geschmissen werden, weil wir ohnehin fast alles gleich anziehen müssen – uff. In dieser Kategorie ist es besonders wichtig, dass wir die Dinge getragen bewerten. Nur so wissen wir, ob wir das Kleidungsstück auch wirklich an uns mögen. Ausgenommen sind natürlich Lieblingsteile, die man eh jede Woche trägt. Die kennt man natürlich gut genug für den »Behalten-Stapel«.

» Fühle ich mich gut damit?
» Trage ich es gern und regelmäßig?
» Ist es noch gut in Schuss?

Mache hier eine Strichliste für jedes Oberteil, das du besitzt.

6 – Beinbekleidung

Egal ob lange Hosen, Shorts, Röcke, Strumpfhosen oder andere Beinbekleidung – hol all diese Dinge aus dem Schrank. Ausgenommen sind Schlafanzughosen insofern sie zu einem passenden Oberteil gehören sowie Sportkleidung.

Nun heißt es wieder – alles anprobieren!

- » Sieht es gut an mir aus?
- » Fühle ich mich gut damit und mag ich es?
- » Passt es mir und fühlt es sich gut an?
- » Ist es noch gut in Schuss und stimmt die Qualität?

Könnt ihr diese Fragen positiv beantworten, dann ist das ein gutes Zeichen, um eure Schatztruhe dafür zu öffnen.

Wie viele ...

__ lange Hosen   __ Röcke
__ Loungehosen   __ Strumpfhosen / Leggins
__ kurze Hosen

... besitzt du jetzt noch?

7 – Nachtwäsche und Sportkleidung

Auch im Bett und beim Sport sollte unsere Kleidung einen Wert für uns haben. Wir wollen schließlich in Ruhe schlafen und uns wohlfühlen. Ebenso wichtig ist bequeme Sportkleidung, die uns motiviert und uns so unterstützt, wie wir es brauchen.

Nachtwäsche:
- » Ist es bequem und fühle ich mich wohl damit?
- » Hält es mich kühl im Sommer / warm im Winter?
- » Ist die Kleidung noch gut erhalten?

Sportkleidung:
- » Habe ich volle Bewegungsfreiheit?
- » Bleibt alles an seinem Platz beim Sport?
- » Fühle ich mich gut damit?
- » Ist die Kleidung noch gut erhalten?

Male hier die Farben hin, die du gerne beim Schlafen / Sport trägst?

8 – Schuhe

Wir räumen jetzt den Schuhschrank komplett aus. Dabei schnappen wir uns auch Stiefel, Hausschuhe, Flipflops und Gartentreter, die eventuell in der Wohnung verstreut herumliegen. Bringe alles auf einem Haufen zusammen und säubere bei der Gelegenheit die Ablagen, auf denen sonst deine Schuhe stehen. Bist du glücklich mit deiner Aufbewahrung oder möchtest du auch hier etwas verändern?

Ich hatte viele Jahre immer wieder Schuhe gekauft, bei denen ich mir wünschte, ich würde sie tragen. An anderen wirkten Absätze einfach so elegant. Bei mir wurden diese Dinger aber leider zu Schrankhütern.

Auch für besondere Anlässe gibt es Schuhe, die deinem Stil entsprechen und in denen du dich wohl fühlst. Also gönne dir lieber ein richtig gutes Paar, das du dir wohlüberlegt ausgesucht hast.

- » Passen sie optimal und sind sie bequem?
- » Drückt und reibt nichts?
- » Passen sie zu meinem Kleidungsstil?
- » Trage ich sie häufig und gern?
- » Sind sie noch gut in Schuss?

Bringe deine Schuhe mal wieder in Ordnung, weil sie dir so viel mehr Freude bereiten. Wie viele Paare hast du jetzt eigentlich noch?

9 – Schmuck, Uhren & Sonnenbrillen

Vielleicht bist du ein echter Accessoire-Experte oder du bist am liebsten frei von jeglichem Behängnis. Je nach Vorlieben macht es natürlich Sinn eine größere oder auch kleinere Auswahl zu besitzen. Allerdings sollte dir davon wirklich jedes einzelne Teil gefallen.

Hole nun deine Schmuckstücke, Armbanduhren und Sonnenbrillen aus ihren Verstecken hervor und breite alles auf dem Boden, einem Tisch oder dem Bett aus.

- » Fühle ich mich gut damit?
- » Vertrage ich das Material?
- » Ist die Verarbeitung hochwertig und intakt?
- » Erfüllt das Teil seinen Zweck? (Z. B. Sonnenschutz)
- » Passt es optisch zu mir und meinem Stil?
- » Trage ich es regelmäßig?

Male hier Elemente deiner Lieblingsteile hin – Farben, Formen und Strukturen.

10 - Handtaschen-Razzia

Heute kümmern wir uns um ein wichtiges Accessoire mit einer tragenden Rolle. So holen wir nun alle Beutel, Taschen, Rucksäcke, Laptophüllen oder ähnliche Behältnisse aus ihren Verstecken und entleeren sie komplett. Das ist auch eine gute Gelegenheit alles einmal auszusaugen, um die Krümel der letzten Monate endlich loszuwerden.

Möglicherweise entdeckst du dabei sogar Dinge, die du schon längere Zeit gesucht hast. Damit das in Zukunft nicht mehr passiert, sollten Taschen am besten nur leer weggeräumt werden. Auch unseren täglichen Begleitern tut eine regelmäßige Inventur sehr gut.

Der ausgeräumte Inhalt wird ebenfalls versorgt. Alles, was du jeden Tag brauchst, kannst du in einem kleinen Beutel sammeln, den du dann einfach beim Taschenwechsel mit übernehmen kannst. Alles, was du nicht immer dabei haben musst, kommt an seinen Platz zurück.

Hast du etwas in deinen Taschen gefunden, das dich überrascht hat?

11 – Taschen

Unsere Taschen sind dank der vorangegangenen Razzia bereits leer und sauber. Nun können wir leichter entscheiden, ob wir wirklich alle davon behalten wollen. Bei der Gelegenheit holen wir auch alle sonstigen Beutel und Stofftaschen hinzu.

Meistens werden Tüten gekauft, wenn man vergessen hat einen Beutel mitzunehmen. Da sie dann schon bezahlt wurden, bewahrt man sie auf, um sie irgendwann sinnvoll zu nutzen. Meist häufen sich so aber immer mehr davon an, weil wohl eher die guten Taschen beim nächsten Einkauf mitkommen dürfen. Auch als Müllbeutel oder ähnliches lassen sich nicht alle Tüten verwenden. Stofftaschen machen es einem noch etwas schwerer. Sie haben durch das Material und die Verarbeitung eine gewisse Wertigkeit. Trotz allem braucht man keine 20 Stück davon.

- » Benutze ich es gern und gefällt es mir?
- » Ist es frei von Flecken und Löchern?
- » Ist es praktisch? (Aufteilung, Henkel, Größe)
- » Passt es zu meinem Kleidungsstil?
- » Fühle ich mich damit sicher?

Wie sieht deine Lieblingstasche aus?

12 – Decken, Bettwäsche und Handtücher

Geschmäcker verändern sich über die Zeit, aber Textilien wie Bettwäsche oder Handtücher behält man gefühlt eine halbe Ewigkeit. Oftmals ist das Material bereits verwaschen oder rau geworden. Ist es nicht viel schöner, wenn wir uns mit einem weichen Handtuch in unserer Lieblingsfarbe abtrocknen können und nachts in kuschelige Bettwäsche schlüpfen dürfen? Außerdem brauchen wir von diesen Dingen nur eine geringe Stückzahl, da meist nicht mehrere gleichzeitig verwendet werden.

» Ist es frei von Flecken und Löchern?
» Benutze ich es gern und regelmäßig?
» Gefällt es mir und passt es in die Wohnung?

Wie sehen deine Lieblingsmuster und Farben in dieser Kategorie aus?

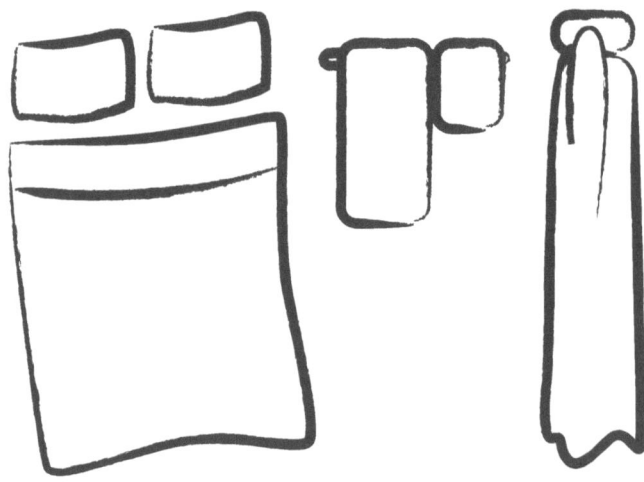

13 – Schlafzimmer

Wahrscheinlich hast du bereits einige der vorherigen Aufgaben in diesem Raum erledigt. Schau dich dennoch genau in deinem Schlafzimmer um und krame alles heraus, was wir bislang noch nicht in der Hand hatten. Falls sich darunter auch sentimentale Dinge befinden, kannst du diese für den Schluss deiner Challenge aufbewahren, damit du dich jetzt nicht unnötig damit aufhältst.

- » Brauche ich das noch?
- » Gehört es in diesen Raum?
- » Habe ich eine Freude daran?

Gestalte dein Schlafzimmer jetzt so, wie es dir gefällt. Beziehe das Bett mit deiner Lieblingsbettwäsche, lüfte gut durch, sauge gründlich unter den Möbeln und staube alle Oberflächen einmal komplett ab. Auf diesen Anblick kannst du dich heute Abend wirklich freuen.

Erschaffe dir eine Ruheoase in deinem Schlafbereich.

14 – Küche

Nun widmen wir uns einem großen Bereich deines Heims. Selbst wenn du in einer WG wohnst, kannst du dich nicht vor dieser Aufgabe drücken. Erzähl deinen Mitbewohnern, was du vorhast und vielleicht hat sogar jemand Lust sich dir anzuschließen. Immerhin könnt ihr euch danach etwas Schönes zusammen kochen und darauf anstoßen.

Vielleicht solltest du dir für die Küche ein paar Tage Zeit nehmen, je nachdem wie umfangreich deine Ausstattung ist. Am besten gehst du dabei Stück für Stück vor. Beginne mit der Unterkategorie, die dich am meisten anspricht und auf die du grade Lust hast. So wird der Einstieg leichter und die Erfolge ermutigen dich dran zu bleiben.

Du kannst zum Beispiel mit dem Besteck anfangen, Gläser durchgehen, Geschirrtücher prüfen oder direkt mit den schweren Geschützen auf Küchengeräte losgehen, solltest du diese nicht bereits im Bereich Elektronik bewertet haben. Wenn du in deiner Küche Kleinkram findest, der da überhaupt nicht hingehört, kannst du das Zeug erst mal in einer Kiste sammeln. Dieser widmen wir uns später.

Für mich persönlich ist der Kühlschrank ein großer Bereich für sich, denn wenn man diesen ohnehin komplett ausräumt, ist das eine gute Möglichkeit ihn gründlich zu putzen oder notfalls auch abzutauen. Dabei bleibt nichts unentdeckt. Anschließend mache ich gern weiter mit anderen verderblichen Waren und prüfe dabei auch das Mindesthaltbarkeitsdatum auf den Konserven.

Lebensmittel
- » Ist es noch genießbar?
- » Werde ich das noch essen?
- » Esse ich es gern?
- » Vertrage ich es gut?

Geschirr
- » Ist es intakt und benutze ich es gern?
- » Passt es zu anderen Dingen in meinem Schrank?
- » Würde ich Gäste daraus essen / trinken lassen?

Hilfsmittel
- » Benutze ich es gern?
- » Macht es mir das Leben leichter?
- » Ist es praktisch?
- » Ist es noch gut in Schuss?

Geräte
- » Funktioniert es?
- » Macht es mir das Leben leichter?
- » Benutze ich es gern und regelmäßig?

Wie sieht für dich deine ideale Küche aus?

15 – Körper- & Nagelpflege

Wenn wir neue Produkte ausprobieren, wissen wir beim Kauf vermutlich nicht, ob sie wirklich das Richtige für uns sind. Besonders im Bereich Körperpflege sind die Bedürfnisse sehr individuell und daher kommt es auf der Suche nach dem richtigen Produkt leider auch zu Fehlkäufen.

Wenn bestimmte Artikel aus dem Sortiment gehen, sind wir oftmals gezwungen uns nach Alternativen umzusehen. Eventuell probieren wir aber auch einfach nur gerne ab und zu etwas Neues aus. Dabei sollte man aber nicht vergessen, dass Pflegeprodukte nicht ewig haltbar sind. Wir haben ja bereits im Kapitel OBJEKTIV ENTSCHEIDEN über verderbliche Waren gesprochen. Es macht demnach keinen Sinn zu viele Produkte gleichzeitig zu öffnen.

Wir sammeln jetzt alle Cremes, Nagellacke sowie Mittelchen der Schönheit und betrachten den bunten Haufen, der vor uns liegt. Dekorative Kosmetik lassen wir erst mal beiseite, denn der widmen wir uns an einem anderen Tag. Nun befinden sich in dem Berg vor dir wahrscheinlich heiß geliebte Produkte, Abgelaufenes, aber auch Dinge, die wir einfach nicht benutzen. Stell dir nun vor, du bist nochmal im Laden und hast die Möglichkeit alles vor dir neu zu kaufen. Was würdest du ohne Zögern wieder in den Wagen legen? Greif zu!

Such dir aus deinem Chaos alles aus, was du wirklich magst und gerne benutzt! Der Rest hat seinen Dienst getan und darf gehen.

Denk daran, dass andere noch eine Freude an deinen aussortierten Sachen haben könnten, insofern sie noch brauchbar sind. Deshalb kannst du natürlich auch Freunde und Verwandte fragen, ob sie Lust auf einen kostenlosen Tester haben. So kannst du ihnen Fehlkäufe ersparen.

- » Benutze ich es gern?
- » Hilft es mir und tut es das, was es verspricht?
- » Finde ich es angenehm?
- » Riecht es gut?
- » Ist es noch gut?

Mach dir Notizen, was du wirklich für die Bereiche deiner Körperpflege brauchst.

16 – Make-up

Manchmal greift man zu einem Produkt, obwohl es eigentlich nicht zu einem passt und andere Dinge verliert man einfach nur aus den Augen. Möglicherweise weißt du bei einigen Produkten sogar nicht mal mehr, wie sie an dir aussehen. Deshalb holen wir jetzt alles aus seinem Versteck und auch die Lippenpflege aus der Handtasche.

Schau dir den bunten Haufen an und schnapp dir davon deine absoluten Lieblinge, die du ständig verwendest. Als nächstes entfernst du das, was du überhaupt nicht magst. Alles andere, kennst du wohl nicht gut genug und deshalb solltest du die Sachen testen. Du musst sie natürlich nicht alle im Gesicht auftragen. Dein Arm ist eine gute Leinwand dafür.

- » Ist es angenehm und fühle ich mit gut damit?
- » Lohnt sich der Auftrag und hält das Produkt gut?
- » Mag ich die Farbe und steht sie mir?
- » Erfüllt es seinen Zweck und ist es noch gut?
- » Habe ich nichts Ähnliches oder gar Besseres?

Wie viel Make-up-Produkte besitzt du und welche Farben gefallen dir wirklich?

17 – Badezimmer

Wir haben uns bereits unsere Lieblinge in Sachen Pflege und Make-up ausgesucht. Auch unsere Lieblingshandtücher liegen bereits an ihrem Platz. Jetzt widmen wir uns dem Rest in diesem Raum.

Wenn du in deinem Badezimmer viele Dinge aufbewahrst, macht es Sinn diesen Raum wieder in Untergruppen aufzuteilen. Du könntest zum Beispiel all deine Haarprodukte zusammenfassen. Dazu zählen unter anderem Rasierer, Pinzetten, Kämme, Bürsten sowie Klammern und falls du es noch nicht bei der Elektronik-Aufgabe erledigt hast auch der Föhn, dein Glätteisen und der Lockenstab.

- » Gehört es in dieses Zimmer?
- » Brauche ich das?
- » Mag ich das und benutze es regelmäßig?
- » Brauche ich die Menge davon?
- » Würde ich das wieder kaufen?

Wie sieht dein Traumbadezimmer aus?

18 – Dekoration

Alles, was wir in unserer Wohnung aufhängen oder hinstellen, um unser Heim schöner zu machen, hat einen wichtigen Zweck – es muss uns gefallen und uns beim Anblick Freude bereiten. Platzhalter für leere Flächen erfüllen ihren Sinn demnach nicht und sind kein Grund eine hässliche Vase oder vertrocknete Blumen aufzubewahren. Auch Dinge, die du geschenkt bekommen hast, müssen nicht für immer in deinem Besitz bleiben. Du darfst dich von allem befreien, was du nicht magst.

Sammle alle Dekorationsgegenstände zusammen. Dazu zählen die eingepackte Weihnachtsdeko, Kerzen, Tischdecken, Vasen, Figuren, Bilderrahmen, Pflanzen und alles, was dir da sonst noch in den Sinn kommt. Wenn dir das für einen Anlauf zu viel ist, kannst du hier auch prima Raum für Raum vorgehen.

- » Finde ich es schön und macht es mir eine Freude?
- » Habe ich einen schönen Platz dafür?
- » Ist es mir die Putzarbeit wert?

Wie sieht deine Lieblingsdekoration aus?

19 – Unterhaltung

Weiter geht es heute mit Dingen, die uns zur Unterhaltung oder als Informationsquelle dienen. Dazu zählen zum Beispiel Bücher, Filme, Musik, Spielekonsolen oder auch Gesellschaftsspiele. Dem Hobby-Equipment widmen wir uns separat an einem anderen Tag.

Wenn du alles vor dir auf dem Boden ausgebreitet hast, kannst du dir im ersten Schritt wieder deine Favoriten aussuchen. Beim Rest nimmst du jetzt alles in die Hand und überlegst dir, ob du es magst oder nicht.

- » Habe ich Spaß daran?
- » Nutze ich es regelmäßig?
- » Hilft es mir?
- » Werde ich es (noch mal) nutzen?
- » Genügt mir auch eine digitale Version davon?

Was ist dein aktueller Lieblingsfilm? Welchen Song kannst du rauf und runter hören und welches Buch magst du besonders?

20 - Papier

Der liebe Papierkram ist für manche ein echter Kraus. Da sammelt sich allein schon durch Versicherungen, Banken und so weiter über die Jahre ganz schön viel an. Zeugnisse, Briefe, Zeichnungen, Gebrauchsanweisungen und Belege füllen ganze Berge von Ordnern. Alte Kalender, Notizbücher, Blöcke, Haftzettel, Magazine, Zeitungen und sonstige Papiere nehmen ebenfalls viel Platz ein. Notizzettel sollten uns eigentlich an wichtige Dinge erinnern, aber sie gehen im Chaos unter.

Ordne jetzt systematisch Stück für Stück das Durcheinander, arbeite alles ab und schmeiße weg, was du nicht mehr brauchst. Es ist ein erleichterndes Gefühl, wenn man diesen Bereich geschafft hat. Da lauern nämlich weder offene Rechnungen, noch sonstige Versäumnisse auf dich. Beruhigend oder?

Zudem fällt es dir durch ein sauberes Ordnungssystem viel einfacher auch in Zukunft dabei zu bleiben.

- » Brauche ich das sicher noch bzw. ist es wichtig?
- » Gefällt es mir damit zu arbeiten?
- » Muss ich es behalten oder kann ich es digitalisieren?

Begrenze den ›Zu-Bearbeiten-Stapel‹ auf eine kleine Fläche und versorge den Rest!

21 – Schreibtisch

Egal ob du einen extra Tisch für deine Büroarbeiten hast oder eine andere Fläche dafür nutzt, häufig liegt dort einfach zu viel Krimskrams herum. Besonders auf dem Schreibtisch neigt man dazu alles griffbereit zu haben. Es lohnt sich aber für alles einen Platz außerhalb des Sichtfelds zu finden.

Für mich hat sich an meinem Arbeitsbereich einiges verändert, als ich ein gutes Schubladensystem eingeführt habe. In diesem bewahre ich nun meine Sachen sortiert nach Zweck auf. Öffne ich eine Schublade, liegt alles da, wo es sein soll. So findet man die Dinge in wenigen Sekunden und wird während der Arbeit nicht davon abgelenkt.

Bei dieser Aufgabe geht es darum den Schreibtisch und die entsprechenden Aufbewahrungssysteme einmal komplett leer zu räumen und nur zurückzulegen, was man wirklich braucht und mag. Auf dem Tisch sollten sich danach nur noch Dinge befinden, die man nicht wegräumen kann, wie zum Beispiel der Computerbildschirm oder auch Dinge, die dich inspirieren und glücklich machen.

Schau dir jetzt also alles an, was sich an deinem Arbeitsplatz befindet, aber auch den Tisch, den Schreibtischstuhl und die Leselampe. Manchmal ist der Kram nämlich auch von der Umgebung abhängig.

Ich selbst hatte viele Jahre lang einen Schreibtisch, der bemerkenswerte Tiefen für meinen Krempel bot. Die Folge war immer ein Schauer, der mich überlief, wenn ich nur daran dachte. Außerdem war der Tisch insgesamt unpraktisch, weshalb ich ihn letztendlich gegen eine leichte Tischplatte mit vier Beinen ausgetauscht habe. Mit meiner neuen Lösung bin ich überglücklich und es macht richtig Spaß an diesem Platz zu arbeiten.

» Brauche ich es wirklich?
» Benutze ich es regelmäßig und arbeite ich gern damit?
» Kann es in einer Schublade verstaut werden?
» Macht es mir das Leben leichter?
» Gehört es an den Arbeitsplatz?
» Funktioniert es noch? (Z. B. Kugelschreiber)

Wie sieht dein Traumarbeitsplatz aus?

22 – Elektronik

Geräte dienen einem Zweck, da sie sonst nur Dekoration oder reine Staubfänger sind. Erbstücke, wie ein Retro-Telefon oder eine alte Jukebox können natürlich wundervoll in Szene gesetzt werden. Falls du etwas Derartiges besitzt und es wirklich magst, solltest du der Sache einen schönen Platz schenken.

Wir sammeln nun alle Geräte, Kabel und das entsprechende Zubehör aus der Wohnung zusammen und gehen alles einzeln durch. Falls du dabei ein oder gleich mehrere Kabel nicht zuordnen kannst, dürfen die meisten davon sofort gehen. Was nämlich nicht regelmäßig in Gebrauch ist, wirst du sehr wahrscheinlich nicht mehr nutzen.

» Funktioniert es und erfüllt es seinen Zweck gut?
» Bediene ich es gern?
» Habe ich etwas Besseres?
» Macht es mir das Leben angenehmer?
» Brauche ich es?

Wie viele Geräte nutzt du tatsächlich mindestens ein Mal pro Woche?

23 – Kontakte, Newsletter und E-Mails

Falls du noch Visitenkarten, Telefonbücher oder handgeschrieben Adresslisten hast, kannst du diese jetzt heraus kramen und zusammen mit deinem Computer sowie deinen mobilen Geräten sammeln.

Im ersten Schritt gehen wir die nicht digitalen Inhalte durch und schauen, was wir davon noch brauchen. Vieles kannst du nämlich in dein Handy übertragen. Speichere dabei aber nur Adressen und Nummern, die du definitiv gerne auf deinem Gerät haben möchtest. Als nächstes kannst du deine Kontakte auf allen digitalen Geräten synchronisieren. So bleibt alles aktuell und übersichtlich. Nun gehst du deine Einträge durch und löschst alle Kontakte, die du nicht mehr in deinem Leben brauchst.

Jetzt widmen wir uns den E-Mail-Postfächern. Hier landen allerhand Werbemails, ob man das möchte oder nicht. Je nachdem wie oft du deine Mails entrümpelst, hast du jetzt mehr oder weniger zu tun. Am besten suchst du deinen Eingang erst mal nach Newsletter ab. Die meisten davon liest du wahrscheinlich kaum oder sie verleiten dich nur zu Neuanschaffungen. Am besten klickst du in der jeweiligen Werbemail auf »Abo beenden« oder »Newsletter abbestellen«. Danach kannst du die Mail löschen. So bist du sie auch in Zukunft los.

Spammails von unbekannten Seiten lassen sich manchmal nicht so einfach verhindern. Sie bieten häufig auch keine Möglichkeit, dass man sie abbestellen kann oder der entsprechende Link wirkt vielleicht unseriös. Für solche Fälle habe ich mir Filter in meinem Mail-Programm eingerichtet, die entsprechende Nachrichten mit ähnlichen Titeln direkt löschen oder in den Papierkorb verschieben.

Neben der unerwünschten Werbung haben wir häufig auch ungelesene oder aufgeschobene Nachrichten in unseren Postfächern. Jetzt ist der Moment gekommen, in dem wir uns diesem Berg stellen werden. Am besten überlegst du dir auch ein sinnvolles Ordnersystem, damit du wichtige Nachrichten archivieren kannst. Bei mir heißen Ordner zum Beispiel »Kunden«, »Verträge« und »To Do«.

» Brauche ich den Kontakt?
» Will ich noch Kontakt mit der Person?
» Muss ich die Mail archivieren?
» Möchte ich diese Werbung erhalten?
» Brauche ich die Nachricht noch?
» Kann ich das direkt beantworten?

Dein Ziel ist heute ein völlig leerer Posteingang!

24 - Daten

Wir schleppen jeden Tag unzählige Dateien und Informationen mit uns herum. Deshalb ist es kein Wunder, dass wir uns manchmal chaotisch fühlen, obwohl gar nichts vor uns herum liegt. Viele vertreten die Ansicht, Daten würden nicht so viel Platz verbrauchen, wie reale Dinge. Dennoch beunruhigt es mich persönlich, wenn ich Stunden nach einem Bild suchen muss, weil sich tausende davon auf der Festplatte befinden. Deshalb finde ich es sehr wichtig, dass man auch hier für Ordnung sorgt und sich von Ballast befreit. Wenn dein Kopf den Inhalt deiner Schubladen kennt, weiß er wahrscheinlich auch, was du gespeichert hast. Jetzt gehen wir gemeinsam Computer, Smartphones, Tablets, Speicherkarten, Festplatten und Onlinespeicher durch. Eventuell möchtest du direkt den größten Datenberg erklimmen oder du startest mit einem überschaubaren Paket.

Mir hat es bei digitalen Inhalten immer sehr geholfen, wenn ich ähnliche Inhalte zusammengebracht habe. Zum Beispiel kannst du zunächst alle Fotos auf einem Datenträger sammeln. Auch Informationen über Beruf und Bildung stellen eine Kategorie dar. Dadurch fallen dir auch schneller doppelte Inhalte auf.

Für Bilder und Videos am Smartphone möchte ich dir noch den Tipp geben, dass es tolle Apps gibt, welche dir beim Aussortieren helfen können. Sie finden alle Dateien auf deinem Gerät und lassen dich übersichtlich entscheiden, was du behalten möchtest und was nicht.

Programme
- » Gibt es bereits neuere / bessere Versionen?
- » Läuft das Programm auf meinem Computer?
- » Benutze ich es gern?

Apps und Spiele
- » Verwende ich die App gern und regelmäßig?
- » Hilft sie mir / unterhält sie mich?

Bilder und Videos
- » Ist es verwackelt oder unscharf?
- » Macht es mich glücklich?
- » Hat es eine Bedeutung oder Aussage für mich?

Textdateien
- » Brauche ich es noch?
- » Habe ich alte Versionen davon?
- » Kann ich es zusammenfassen?

Informationen
- » Muss ich es aufbewahren?
- » Kann ich es abarbeiten?
- » Kann ich es archivieren?

Wie fühlst du dich mit weniger Daten?

25 - Social Media

Social Media Plattformen zeigen dir, basierend auf deinen Vorlieben, passende Inhalte. Täglich wird man dadurch mit Bildern, Videos und Texten überschüttet, die eine nicht endende Quelle an Inspiration und Eindrücken bieten. Es ist eine faszinierende Welt, aber diese Tiefen können einen auch verschlingen, wenn man nicht aufpasst.

Interessen verändern sich im Laufe der Zeit und das nicht nur von dir, sondern auch von den Leuten, welche die Inhalte produzieren. Somit ist es wichtig, dass man auch regelmäßig die sozialen Medien ausmistet, um sie auf die aktuellen eigenen Wünsche anzupassen. Wir verbringen schließlich einen großen Teil unserer Freizeit damit.

Manchmal hat man durch Social Media Angst etwas zu verpassen. Besonders die vergänglichen Inhalte, die nach kurzer Zeit verschwinden, sorgen für den Drang ständig auf dem Laufenden zu bleiben. Doch was ist es, was wir genau verpassen und hat es echte Auswirkungen auf unseren Alltag?

Gestalte dein eigenes Leben so abwechslungsreich und interessant, dass du selbst etwas zu erzählen hast und nicht das von anderen miterleben musst. Es nimmt dir sonst die Luft zum Atmen und zum Denken. Natürlich kannst du der bunten Welt auch weiterhin folgen, aber gönne dir auch reale Erlebnisse mit deinen Freunden. Dann sind die Aktionen der Influencer nicht mehr so wichtig.

Plattformen, Beiträge, Abos oder »Freunde«, die dich emotional runterziehen, dir die Zeit rauben oder dich gar belasten, sind keine Minute deiner Aufmerksamkeit wert. Befreie dich davon!

- » Ist es meine Zeit wert?
- » Habe ich Spaß daran?
- » Verbinde ich damit positive Gedanken?
- » Welche Plattform macht mir am meisten Spaß?

Was fasziniert dich an Social Media?

26 – Werkzeug und Zubehör

Sammle deine Hämmer, Schraubenzieher und Zangen zusammen und falls du bei der Elektronik elektrische Sägen oder Bohrer vergessen haben solltest, holen wir auch die dazu. Zudem sind Schrauben, Nägel und Ersatzteile dran. Filzgleiter, Leim, Wandfarbe und Streichutensilien nehmen wir ebenfalls unter die Lupe.

- » Brauche ich das sicher noch?
- » Verwende ich es gern?
- » Macht es mir das Leben leichter?
- » Weiß ich wofür ich es genau verwenden kann?
- » Kann ich es benutzen?
- » Ist es noch brauchbar?
- » Habe ich mehrere davon?
- » Gibt es eine bessere Lösung dafür?

Wie möchtest du dein Werkzeug aufbewahren?

27 – Hobby und Zubehör

Jetzt widmen wir uns einer sehr individuellen Kategorie, weil ich natürlich nicht weiß, welchen Hobbys du genau nachgehst und was du dafür brauchst. Eventuell hast du auch mehrere Dinge, die du gerne in der Freizeit tust.

Wie bereits angesprochen verändern sich Interessen im Laufe der Zeit und es tut gut Vergangenes loszulassen. Nur weil du früher gerne der Seidenmalerei nachgegangen bist, musst du den Spannrahmen, die Pinsel und die Farben nicht für immer behalten. Überlege dir nun also genau, was für dich alles in diesen Bereich gehört. Vielleicht ist es das Bastelzubehör, das Strick- und Nähequipment oder die Kameraausrüstung. Da wir mit unserer Leidenschaft häufig etwas großzügiger umgehen, kann sich auch hier über die Zeit einiges angesammelt haben.

» Gehört es in mein heutiges Leben?
» Verwende ich es regelmäßig und gern?
» Ist es noch gut oder muss ich es ersetzen?
» Macht es mir Spaß?
» Nehme ich mir gerne die Zeit dafür?

Was liebst du an deinem / n Hobby / s?

28 - Flächen leeren

Bei dieser Aufgabe widmen wir uns keiner speziellen Kategorie, sondern allgemein allen Oberflächen. Dazu zählen nicht nur Kommoden und Tische, sondern auch die Fußböden. Geh am besten systematisch Raum für Raum vor und entleere jeweils die Oberflächen komplett. Die Sachen, die sich dort normal befinden, kannst du entweder auf dem Boden sammeln oder alles in Kisten abstellen. Nun hast du die Möglichkeit nochmal kurz zu wischen, bevor du die Fläche nach deinen Wünschen einrichtest. Du stehst quasi vor einer frischen Leinwand und darfst alles nach belieben gestalten. Genieße den Moment der Leere und Freiheit, denn der gehört dir.

Stelle jetzt nur zurück, was du auch wirklich dort haben möchtest. Überlege dir beim Rest, ob du einen anderen schönen Ort dafür findest oder ob einiges davon ausgedient hat. Vielleicht ist es momentan auch nur nicht die richtige Jahreszeit dafür.

Wir wollen uns daheim wohlfühlen und deshalb kannst du alles so herrichten, wie du es magst. Wie viel du hinstellst, ist ganz dir überlassen. Wichtig ist nur, dass dich die Dinge glücklich machen und dass sie den Putzaufwand wert sind.

In meinem Fall räume ich abends viele Flächen nahezu leer. So habe ich am nächsten Morgen die Möglichkeit mich frei zu entfalten und breite nur aus, was ich für den Tag brauche. Das ist sehr befreiend und effektiv.

Trotz allem habe ich meine Dekolieblinge und auch Nützliches »herumstehen«. Diese Dinge inspirieren mich oder sind schlichtweg praktisch. Dazu zähle ich auch meinen heiß geliebten Flamingo, der mir immer gute Laune zaubert. Jetzt erklärt sich wahrscheinlich auch, warum der kleine Kerl auf dem Cover ist :)

- » Macht mich meine Umgebung glücklich?
- » Fühle ich mich in dem Raum leicht und frei?
- » Kann ich die Flächen einfach abstauben?
- » Kann ich die Flächen sofort nutzen?
- » Würde ich so Besuch empfangen?

Bestücke die Fläche dieser Ablage wie es dir gefällt.

29 - Lagerorte

Deinen verdrängten Deponien geht es jetzt an den Kragen. Dort lagert man häufig Dinge, die man nur selten oder gar nicht brauchst. Wir sprechen hier von dem Platz unter deinem Bett, Abstellräumen, der Garage, dem Keller und dem Dachboden. Vielleicht stapeln sich sogar schon Kisten in einem gemieteten Lagerraum. Für viele dient auch das Auto und dessen Kofferraum als Deponie.

Unser Ziel ist es, dass wir keinen unnötigen Raum mehr verschwenden und dafür gehen wir am besten wieder Stück für Stück vor. Du kannst mit den Orten beginnen, die sich in unmittelbarer Nähe befinden. Falls du allerdings irgendwo für die Aufbewahrung bezahlst, kannst du natürlich auch dort beginnen, um dir das Geld schnellstmöglich zu sparen.

Auch wenn es wahnsinnig erscheint, solltest du deine Deponien nach und nach einmal komplett ausräumen, damit du den tatsächlichen Platz darin wahrnehmen kannst. Danach überlegst du dir nämlich viel genauer, was zurückkehren und die Fläche einnehmen darf.

Die Garage kannst du am besten bei gutem Wetter in den Hof oder den Garten ausräumen und für den Abstellraum eignet sich ein relativ freies Zimmer in deiner Wohnung sehr gut. Da wir hier möglicherweise von großen Mengen sprechen, solltest du das Ganze gut durchplanen und dir am besten eine helfende Hand suchen.

Nach der Aktion sollte sich im besten Fall alles da befinden, wo du einen guten Zugriff darauf hast. So verhinderst du, dass Dinge erneut in Vergessenheit geraten.

- » Macht es mich glücklich?
- » Werde ich damit noch etwas anfangen?
- » Hat es einen besseren Ort verdient?
- » Ist es bereits verrostet oder kaputt?
- » Gehört es mir überhaupt?

Nutze dieses leere Kuchendiagramm, um dir über deine Verteilung von Dingen in deinem Haushalt klar zu werden.

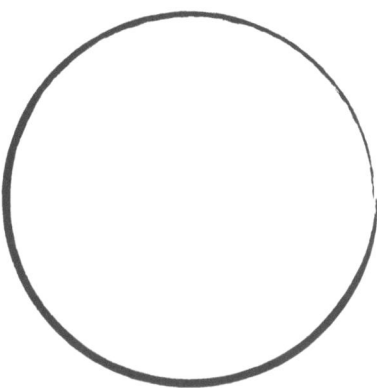

Das meiste sollte sich in deinem Wohnraum befinden, damit du es auch wirklich nutzt.

30 – Kleinkram und Erinnerungen

Die oftmals härteste Kategorie sind Erinnerungsstücke. Hier kommen nämlich neben den objektiven Merkmalen auch emotionale Werte hinzu.

Wir widmen uns jetzt unter anderem Erinnerungsboxen, alten Jahrbüchern und Fotoalben. Denke auch an die Kramkiste, die du vielleicht in den letzten Wochen gefüllt hast. Bei derartig gefühlsbehafteten Gegenständen ist es wichtig, dass du auf dein Bauchgefühl und dein Lächeln achtest. Du darfst in dieser Sparte so viel behalten, wie du möchtest, aber am besten Dinge, die dich glücklich machen und dein Leben bereichern.

Halte nicht unbedingt an Erinnerungsstücken fest, die dich traurig, wütend oder gar depressiv machen. Du willst nicht ständig an schlechte Erfahrungen erinnert werden. Für eine Weile ist das vielleicht ganz gut, um dich selbst zu schützen, aber auf Dauer zieht es dich unter und raubt dir jegliche Energie. Es tut manchmal richtig gut Dinge loszulassen und dadurch mit der Vergangenheit abzuschließen.

Löse dich von alten Ketten und konzentriere dich auf die schönen Erinnerungen.

31 – Eine Kategorie deiner Wahl

Heute kannst du dir einen Bereich aussuchen. Vielleicht haben wir deiner Meinung nach etwas vergessen, was du unbedingt von Ballast befreien möchtest. Eventuell haben dir aber auch bisherige Tage dieser Challenge besonders viel Spaß gemacht und du denkst, dass du da mittlerweile noch weitergehen kannst – dann los!

Wenn du die Reihe durch eine neue Kategorie ergänzt, würde ich mich wirklich sehr über eine Nachricht von dir freuen. Natürlich kannst du deine Erfolge auch wieder per **#NURWASICHMAG** auf Instagram teilen oder einen Kommentar unter **nurwasichmag.de** hinterlassen. Ich bin gespannt, was du mit dieser Aufgabe anstellen wirst.

Was nimmst du dir für heute vor?

32 - Loswerden

Du hast schon so viel geschafft und darauf kannst du sehr stolz sein! Ich könnte mir allerdings vorstellen, dass du möglicherweise noch aussortierte Dinge in deiner Wohnung stehen hast, die du endgültig loswerden möchtest. Altpapier und Haushaltsmüll ist wahrscheinlich schon erledigt. Andere Dinge, die du verkaufen, spenden oder verschenken möchtest, hast du aber vielleicht auch gesammelt oder es ist davon einfach etwas übrig geblieben.

Heute kümmern wir uns darum, die Sachen wirklich loszuwerden. Falls du hier nochmal Ideen brauchst, kannst du in das Kapitel WEG DAMIT! zurückspringen.

Veranstalte doch für Freunde und Familie ein kleines Treffen, bei dem auch sie etwas mitbringen können, was sie gerne verschenken wollen. So habt ihr einen wunderbaren Anlass euch zu sehen.

Mach dir einen Plan
- Wann bringe ich was wohin?

33 – Was mag ich wirklich?

Du hast dich während dieser Challenge wahrscheinlich etwas besser kennengelernt und dein Bewusstsein darüber gestärkt. Was du besitzt, liegt ganz in deiner Hand und du darfst dir dein Leben so gestalten, wie du es magst!

Damit du dir das Ganze besser veranschaulichen kannst, machen wir heute ein Moodboard. Darauf kommen deine Wünsche, deine Motivation und Dinge, die dich glücklich machen. Das kannst du digital erstellen oder händisch mit Stiften, Kleber und Zeitschriften. Bastle dir Schnipsel von Farben, Stoffen, Materialien, Mustern und Stilen passend zu deinen Interessen zusammen. Dazu kannst du Fotos aus dem Internet suchen oder Stücke aus Magazinen ausschneiden. Vielleicht magst du aber auch selbst etwas malen oder zeichnen. Es geht darum, deinen eigenen Stil zu entwickeln, damit du sicher bei Neuanschaffungen zugreifst aber auch beim weiteren Aussortieren bleibst.

Eventuell entsteht daraus ein kleines Kunstwerk, das du dir eingerahmt an die Wand hängen möchtest. Wenn nicht, war es einfach eine kreative Übung, um dich daran zu erinnern, dass du dir dein eigenes Wohlfühlreich erschaffen kannst.

Ab ans Werk! Schnapp dir das Material und leg los!

34 – Erfolge feiern

Dein Heim sieht wunderschön aus und das Tolle ist jetzt, dass du wahrscheinlich nicht mehr als 30 Minuten brauchst, um alles für ein Gast herzurichten. Wollen wir?

Lade eine Freundin, einen Freund oder gleich mehrere liebe Leute zu dir ein, die vielleicht sogar schon seit längerem keinen Fuß mehr in dein einstiges Chaos setzen durften. Sie werden sich bestimmt auf Anhieb heimelig fühlen und die Veränderungen eventuell sogar ansprechen. Feiert deinen Erfolg gemeinsam und gönnt euch euren Lieblingssekt oder stoßt mit einer Tasse wohltuendem Tee auf die gemütliche Atmosphäre an. Dein Heim strahlt deine Persönlichkeit, Leidenschaft und Interessen aus. Da können sich deine Freunde einfach nur wohlfühlen.

Natürlich würden sich auch andere Menschen inklusive mir sehr darüber freuen, wenn du deine Ergebnisse mit uns teilst, sodass wir uns gegenseitig motivieren können. Schreib gerne ein Feedback unter **nurwasichmag.de** oder zeige uns Vorher-Nachher-Fotos auf Instagram mit dem Hashtag **#NURWASICHMAG**.

Teile deinen Erfolg mit anderen, um sie zu motivieren, ihre Träume in die Hand zu nehmen!

35 – Pläne

Schnapp dir einen Block oder ein Notizbuch, denn heute planen wir deine Zukunft – ok, nicht ganz aber wir verschaffen uns einen Überblick, stecken uns Ziele und finden heraus, wie wir sie erreichen. Wahrscheinlich hat sich dein Kaufverhalten mittlerweile schon verändert. Meistens spart man bares Geld, wenn man merkt, dass es nicht viel braucht, um glücklich zu sein. Vielleicht gibt es einen größeren Traum, den du dir schon lange erfüllen wolltest oder du wünschst dir eine schöne Urlaubsreise. Wir schauen jetzt gemeinsam mittels einer Ausgabenliste, wie wir das erreichen können.

Diese Liste wird unterteilt und zwar erst mal in regelmäßige feste Ausgaben, wie Miete, Strom und Wasser. Dann folgen regelmäßige aber variable Kosten, wie Lebensmittel und Bürobedarf. Hinzu kommen jährliche Ausgaben, wie die Fahrzeugsteuer. Außerdem solltest du auch an ein Taschengeld für Kleidung und Freizeitbeschäftigungen denken. Wenn du die Beträge nun alle auf einen Nenner bringst und sie addierst, siehst du, was du jeden Monat bezahlen musst oder zumindest zur Verfügung haben solltest. Jetzt kannst du deine Ausgaben und deine Einnahmen entsprechend optimieren.

Außerdem ist dies ein guter Moment, um dir über deine Pläne und Vorsätze Gedanken zu machen. Was möchtest du dir für die nächsten Wochen vornehmen? Du hast es schließlich geschafft dein Chaos in den Griff zu bekommen, da geht doch noch mehr oder?

Du hast nun die Zeit für weitere Bereiche deines Lebens. Stecke dir deine ganz persönlichen Ziele in Sachen Beruf, Schule, Hobbys und vielleicht auch bezüglich deiner Gewohnheiten. Vielleicht möchtest du lernen vor Menschen besser sprechen zu können oder du bist darin schon ein wahrer Profi und würdest viel lieber bei der Buchhaltung durchblicken. Eventuell versuchst du aber auch schon seit Jahren deine Sportlichkeit noch etwas zu verbessern.

Das ist jetzt natürlich ein riesiger Berg an Möglichkeiten. Schreib erst mal alles nieder, was dir in den Sinn kommt und höre erst auf, wenn dir nichts mehr einfällt. Suche dir dann aus deinem Universum der Träume den Stern aus, der am hellsten leuchtet und greife danach!

Hefte ihn mit einer Pinnnadel ganz oben auf deine Zieleliste und unterteile den Weg dort hin in einzelne Teilschritte. Ebenso wie du es mit deinem Wohnraum gemacht hast. Das wird den großen Berg an Arbeit in einzelne Stufen zerlegen und du kannst dich stetig über deine neuen Erfolge freuen!

Nimm deine nächste Hürde in Angriff, du wirst sie überwinden!

Wie geht es dir?

Puh, das war ganz schön viel in den letzten Wochen. Was geht dir jetzt beim Anblick deiner Wohnung durch den Kopf?

KAPITEL

9

das kann sofort weg

DAS KANN SOFORT WEG

Brauchst du einen Motivationsschub? Hier habe ich weitere Anregungen für dich, wo sich in deiner Wohnung möglicherweise noch Baustellen befinden könnten. Bitte schmeiß aber dennoch nicht einfach alles auf dieser Liste blindlings weg, sondern nutze die Gelegenheit, dich und deine Bedürfnisse besser kennenzulernen.

DIE »WEG-LISTE«

... mit 100 Dingen, die du sofort aussortieren kannst.

Beauty
- » Verbogene Haarklammern
- » Ausgeleierte Haargummis
- » Abgenutzte Pinsel
- » Abgenutzte Nagelfeilen
- » Ungeliebtes Make-up
- » Eingetrockneter Nagellack
- » Alte Tester und Probiergrößen

Digitales
- » Ungenutzte Apps
- » Werbemails
- » Wertlose Fotos und Videos
- » Ungeliebte Musik und Filme
- » Unnötige Programme

Elektronik
- » Defekte Geräte
- » Unnötige Kabel und Adapter
- » DVDs, die bereits digitalisiert sind
- » CDs, die bereits digitalisiert sind
- » Installations-CDs von alten Programmen
- » Alte Taschenrechner

Haushalt
- » Unnötiges oder schlechtes Putzzeug
- » Reste von Kerzen
- » Leere oder schlechte Stifte
- » Alte und überflüssige Bettwäsche
- » Alte Handtücher
- » Abgenutzte Geschirrtücher
- » Altes, doppeltes oder unbrauchbares Werkzeug
- » Unnötige Ersatzschrauben und -nägel
- » Heimatlose Ersatzknöpfe
- » Ersatzteile ohne Zusammenhang
- » Kaputte Kleiderbügel
- » Eingetrocknete Farbe
- » Kaputtes oder ungeliebtes Geschirr
- » Einkaufstüten
- » Abgenutzte Teppiche
- » Unpraktische Boxen und Container
- » Ungeliebte Deko
- » Vorräte an Übertöpfen
- » Undichte Thermoskannen
- » Werbegeschenke (Schlüsselanhänger, Mützen …)
- » Alte Haushaltsgummis
- » Getrocknete Blumen

- » Kleingeld (ab zur Bank damit)
- » Pflanzen, die dir nicht gefallen
- » Frischhaltedosen ohne Deckel und umgekehrt
- » Kaputte, unnötige oder ungeliebte Möbel
- » Durchgelegene Kissen
- » Kratzige Kuscheldecken

Hobby
- » Instrumente, die man nicht spielt
- » Ungeliebtes Spielzeug und Stofftiere
- » Ausgetrocknete Kleber und Stifte
- » Mehrere Spitzer und Radiergummis
- » Ungeliebtes Sportequipment
- » Spiele, von denen Teile fehlen

Kleidung & Accessoires
- » Kaputte Kleidung
- » Kleidung, die dich unglücklich macht
- » Kleidung mit Flecken
- » Kleidung, die seit Monaten geändert werden müsste
- » Abgetragene und unbequeme Unterwäsche
- » Abgetragene und ungeliebte Badebekleidung
- » Einzelne Socken
- » Einzelne Ohrringe
- » Schlecht verarbeiteter Modeschmuck
- » Schuhe mit Löchern
- » Schuhe, die niemals richtig eingelaufen sind
- » Zu kleine Größen an Kleidung und Schuhen
- » Kaputte Taschen
- » Alte Brillen

Papier
- Verpackungen
- Coupons und Rabatt-Gutscheine
- Private Rechnungen mit abgelaufener Garantie
- Gebrauchsanweisungen
- Werbung
- Alte Zeitungen
- Alte Zeitschriften
- Reste von Geschenkpapier
- Telefonbücher und gelbe Seiten
- Kataloge
- Belege, die mehr als 10 Jahre alt sind
- Umzugskartons
- Schachteln
- Lexika
- Ungeliebte Bücher
- Überflüssige Notizbücher
- Alte Kalender
- Alte Briefe ohne tiefere Bedeutung
- Grußkarten ohne tiefere Bedeutung
- Vollendete und unvollendbare Rätselbücher
- Vollendete Malbücher
- Alte Einladungen
- Erledigte Reiseführer
- Visitenkarten
- Schulunterlagen nach der Schulzeit
- Abgenutzte Ordner
- Unförmige Umschläge

Verderbliches
- » Abgelaufene Lebensmittel
- » Abgelaufene Medikamente
- » Abgelaufenes Make-up
- » Gekippte Düfte
- » Abgelaufene Cremes
- » Alte Sonnencremes
- » Alte Selbstbräuner

DINGE, DIE

... du ebenfalls angehen kannst, lassen sich in verschiedenen Kategorien zusammenfassen. So kannst du deine ganz persönliche eigene Liste zusammenstellen.

Dinge, die kaputt sind und sich nicht reparieren lassen.
Selbsterklärend. Was nicht funktioniert hat keine Funktion mehr. Wenn es somit nicht grade ein Glück bringendes Dekorationsstück geworden ist, kann es weg.

Dinge, die nicht passen.
Was nicht passt, wird nicht getragen und hat somit keine Funktion. Darauf zu warten, ob man irgendwann reinpasst, ist demütigend und belastend. Siehst du das anders und die eine Jeans motiviert dich fitter zu werden, dann ist das für dich ein Ansporn. Allerdings genügt ein derartiges Kleidungsstück in jedem Fall als Motivation.

Dinge, die mir nicht stehen.
Wenn etwas schön ist, passt und von guter Qualität ist, heißt das nicht, dass du es behalten musst. Wenn es dir nicht steht, wirst du es nie mit Freude tragen. Weg damit.

Dinge, die mich belasten.
Es gibt Stücke, die lösen ein schlechtes Gewissen, Druck oder gar Trauer aus. Das Sportequipment schimpft aus der Ecke, dass es nie benutzt wird und löst ein ungutes Gefühl bei dir aus. In dem Fall ist Home-Workout wohl einfach nichts für dich. Verbanne alles, was dich unglücklich macht und nicht mehr gebraucht wird.

Dinge, die für mich keinen Wert oder Nutzen haben.
Es gibt Sachen, die behält man einfach aus Prinzip. Man stellt sie nicht in Frage. Unnötiges, was dich weder erfreut noch nützlich ist, kann direkt weg.

Dinge, die ich nicht mag
Alles was bei dir innerlich direkt auf Ablehnung stößt, kann weg. Lege die Schätze deiner Wohnung frei und gib ihnen den Raum, den sie verdienen.

Deine persönliche Weg-Liste

Hier kannst du dir alles notieren, was du nicht mehr brauchst, damit du anschließend gezielt an die Arbeit gehen kannst.

KAPITEL

10

gibt's noch mehr?

GIBT'S NOCH MEHR?

Du hast es geschafft! Ich bin so stolz auf dich und ich freue mich sehr, dass wir den Weg gemeinsam gegangen sind. In diesem Kapitel möchte ich dir gerne ein paar weitere Tipps und Empfehlungen geben, die auch mir bei meiner Entwicklung sehr geholfen haben. Außerdem gibt es auch Vorher-Nachher-Fotos und ein bisschen mehr über mich.

Du hast übrigens die Möglichkeit an zukünftigen Teilen der **#NURWASICHMAG**-Reihe mitzuwirken. Schick mir dafür einfach deine persönlichen Wünsche direkt per E-Mail an **sissi@nurwasichmag.de** oder hinterlasse mir gerne ein Feedback auf **nurwasichmag.de**

(nurwasichmag.de)

Finde deinen Weg.

Durch meine **#NURWASICHMAG**-Reihe auf YouTube habe ich, auf Empfehlung meiner Zuschauer hin, ein sehr hilfreiches Buch entdeckt. Diese Lektüre hat mir enorm bei der Organisation meiner Sachen geholfen. Vor allem im Kleiderschrank wirkt nun dank Marie Kondo alles viel aufgeräumter, kompakter und übersichtlicher.

Sie spricht in ihrem Buch »Magic Cleaning« über die praktische Anordnung von Dingen, um positive Energien fließen zu lassen. Ihr Leitspruch lautet »does it spark joy?« Somit betrachtet man jeden Gegenstand und prüft, ob er für ein Glücksgefühl sorgt. Wenn ja, darf er bleiben und wenn nicht, muss er gehen.

Für mich war dieses Buch ein guter Helfer, den ich dennoch gerne an manchen Stellen ignoriert habe, weil für mich nicht alles umsetzbar war. Man kann sich überall inspirieren lassen, aber man sollte dennoch seinen eigenen Weg finden.

Does it spark joy?

Auf YouTube habe ich wunderbare Kanäle für mich entdeckt, die Videos zum Thema Minimalismus und leichter leben veröffentlichen.

Muchelleb
Als erstes möchte ich dir gerne »Muchelleb« vorstellen. Sie hat eine sehr angenehme Stimme und eine unbeschreiblich schöne Bildsprache. Ihre Videos wirken hell, einladend und beruhigend. Ganz besonders ihre Reihe »30 Day Simplify your Life Challenge« hat mir wahnsinnig viel Spaß gemacht! Dabei sortiert sie nicht nur gemeinsam mit ihren Zuschauern aus, sondern sie hat auch einen Teil zur Persönlichkeitsbildung eingebaut. Den fand ich

wirklich spannend. Ihr Kanal ist, genau wie die folgenden, auf Englisch. Wenn du dir ihr Programm anschauen möchtest, kannst du hier ihre Playlist durchstöbern.

(bit.ly/simplifyyourlifechallenge)

Mach dir das Leben leichter.

Rachel Aust
Diese YouTuberin beschäftigt sich auf ihrem Kanal immer wieder mit den Themen Minimalismus, Fitness, Ernährung und leichter leben. Auch sie hat eine Playlist, die für dich interessant sein könnte.

(bit.ly/RachelAustMinimalism)

---

*Nimm dein Leben
in die Hand.*

Madeleine Olivia

Sie beschreibt ihren Weg selbst mit den Worten »from shopaholic to minimalist«. Damit kann ich mich sehr gut identifizieren. Sie war nicht immer ordentlich und organisiert, sondern kennt die erdrückende Schwere von Ballast sehr gut. Madeleine nimmt ihre Zuschauer in ihrer Minimalismus-Reihe mit auf ihrem Weg.

(bit.ly/madeleineoliviaminimalism)

Vom Shopaholic zum Minimalist.

Becomingminimalist

Außerdem möchte ich dir auch noch das folgende Artikel-Archiv empfehlen, da man dort unglaublich viele spannende Informationen findet.

(becomingminimalist.com/archives)

BLEIB AUF DEM LAUFENDEN

Wenn du dich weiterhin mit **#NURWASICHMAG** beschäftigen möchtest, kannst du immer wieder gerne auf der Webseite vorbeischauen oder dich bereits für den bald erscheinenden Newsletter anmelden. Keine Sorge, ich werde dich nicht mit einer Mailflut überschütten. Das wäre ja sonst wirklich kontraproduktiv. Schreib mir dazu gerne eine Nachricht unter **news@nurwasichmag.de**

Außerdem denke ich darüber nach gemeinsam mit meinen Lesern und Zuschauern vor Ort auszusortieren. Ich bin gespannt, was sich daraus ergibt. Natürlich sage ich euch dann über den Newsletter, die Webseite und meinen YouTube Kanal Bescheid, wenn es soweit ist.

(youtube.de/typischsissi)

Zusammen geht's einfacher.

ÜBER MICH

In diesem Buch erfährst du vieles über meine frühere Kaufsucht und meinen **#NURWASICHMAG** Werdegang. Für den Fall, dass du jetzt vielleicht neugierig geworden bist, was ich eigentlich sonst noch so treibe, habe ich hier ein paar weitere Infos für dich.

Ich bin sehr behütet in einem Dorf in Baden-Württemberg aufgewachsen. Schon als Jugendliche hatte ich immer mein Taschengeld durch Minijobs aufgestockt und meine Kreativität sorgte für unzählige kleine Kunstwerke daheim. Nach dem Abitur hatte ich mich für eine Ausbildung zur Grafik Designerin entschieden und es war genau das Richtige für mich. Ich war auf einmal so wahnsinnig interessiert am Lernen, dass ich tatsächlich als Jahrgangsbeste von der Schule abging und das, obwohl ich im Gymnasium sogar mal eine Ehrenrunde gedreht habe.

Ich wusste, da geht noch mehr und mein Ehrgeiz war geweckt. Deshalb studierte ich im Anschluss Medien mit den Schwerpunkten Film, Drehbuch und Design. Und was soll ich sagen, wenn ich etwas will, dann bin ich Feuer und Flamme, weshalb ich auch hier als Jahrgangsbeste mein Zeugnis in Empfang nehmen durfte.

Am Ende meiner Ausbildung hatte ich bereits meinen YouTube Kanal gegründet und er war über all die Jahre mein freier Spielplatz, auf dem ich mich austoben konnte.

Nach dem Studium zog es mich und meinen Mann an den Bodensee. Da mir das YouTuber-Dasein zu dem Zeitpunkt sehr einsam erschien, entschloss ich mich bei einer Festanstellung in einer Werbeagentur unter Leute zu kommen und Erfahrungen zu sammeln. Dort blieb ich zwei Jahre, aber dann war mein Tag gekommen.

2016 gründete ich meine eigene Firma *Leuchtquelle* und machte mich damit als Social Media Beraterin komplett selbständig. Zu diesem Zeitpunkt beschäftige ich mich bereits seit rund 7 Jahren täglich mit YouTube und Social Media. Mein darüber gewonnenes Wissen teile ich nun mit meinen Kunden. Vielleicht habe ich damit jetzt deine Neugierde geweckt. In dem Fall kannst du sehr gerne auf meiner Webseite vorbeischauen: *leuchtquelle.de*

Ich bin überglücklich, dass ich mit diesem Buch eine neue Leidenschaft für mich entdeckt habe. Das Schreiben bereitet mir wirklich große Freude und ich hoffe, ich konnte dich mit meiner Motivation anstecken :)

VORHER-NACHHER

An dieser Stelle möchte ich dir gerne nochmal zusammenfassend von meinem ganz persönlichen Erfolg mit **#NURWASICHMAG** berichten. Es hat sich für mich einfach so viel ins Positive verwandelt, dass ich hier einen Teil davon festhalten muss.

Ich bin ein zielstrebiger Mensch und dennoch bin ich auch manchmal hilflos. Die früheren Massen in Kombination mit der sich verschlimmernde Kaufsucht haben mich so dermaßen erdrückt, dass ich anfangs dachte, es gäbe keinen Ausweg. Für mich schien es aussichtslos und das hat mich sehr traurig gemacht. Ich war so fixiert auf die Dinge, dass ich mich kaum bewegen konnte. Wegschmeißen war für mich einfach ein Unding. Da ich keine Geschwister oder jüngeren Verwandten habe, ließ sich auch das Weiterverschenken nicht in den Alltag integrieren. Man könnte sagen – ich war festgefahren.

Damit du dir ein ehrliches Bild von meiner früheren Situation machen kannst, möchte ich dir hier einen Einblick in meine damalige Kleideraufbewahrung geben. Ich habe das Ganze »zum Glück« auf YouTube festgehalten. Das ist natürlich wertvoll für dieses Buch, aber ich bekomme ein sehr beklemmendes Gefühl, wenn ich das Material ansehe. Es schreckt mich ab und zeigt mir, wohin ich nie mehr zurück möchte.

T-Shirts, Stand – August 2010

Mehr T-Shirts, Sporthosen & kurze Hosen – Stand 2010

Teil der Kleider und Jacken – Stand 2010

Weitere Kleider & Röcke – Stand 2010

Weitere Jacken – Stand 2010

Links Jeans & rechts Strickjacken – Stand 2010

Weitere lange Hosen – Stand 2010

Pullover mit Reißverschluss – Stand 2010

Pullover – Stand 2010

Was du auf diesen Bildern siehst, ist noch nicht einmal alles, was ich an Kleidung besaß. Zudem hatte ich die Schränke für das Video aufgeräumt. Du kannst dir sicher vorstellen, wie es im Alltag aussah. Es ist mir peinlich, aber ich denke es ist wichtig für den Vorher-Nachher-Effekt.

Das entsprechende Video habe ich mir für dieses Buch erstmals nach mehreren Jahren wieder angeschaut und es ist furchtbar für mich. Man sieht darin das Chaos noch detaillierter. Wenn du neugierig geworden bist, kannst du dir das volle Ausmaß gerne anschauen.

Mein Kleiderschrank 2010
(https://youtu.be/8MjbpPBaNg0)

Auch wenn sich meine Wohnung immer weiterentwickelt, möchte ich dir hier gerne zeigen, was sich in Sachen Kleiderschrank bislang getan hat. Ich kann gar nicht beschreiben, wie befreiend sich das anfühlt. Ehrlich gesagt, hätte ich früher niemals gedacht, dass ich solch einen Stand jemals erreichen werde – aber ich habe es geschafft!

Dünne Pullover und T-Shirts, Stand – April 2017

Ein Rock, lange & kurze Hosen, Stand – April 2017

Pullover, Stand – April 2017

Links alle Kleider, rechts Blusen & ein Blazer, Stand – April 2017

Jacken, Stand – April 2017

Ich bin noch nicht an meinem persönlichen Ziel angekommen, aber ich fühle mich bereits befreiter, entspannter und glücklicher. Außerdem bin ich trotz der abschreckenden Wirkung froh, dass ich die Vorher-Bilder gemacht habe, weil man sich so wirklich darüber bewusst werden kann, was man bereits erreicht hat.

Dein persönliches Vorher-Nachher

Mache Fotos von deinen Veränderungen und klebe sie auf den folgenden Seiten ein. Du wirst staunen, was das für eine Wirkung hat.

DANKE

Als erstes möchte ich meinen Zuschauern auf YouTube und meinen Followern auf meinen Social Media Profilen für ihre Treue und Unterstützung danken. Ihr habt mich dazu ermutigt immer weiterzumachen und mein Leben in den Griff zu bekommen. Ihr seid mir immer wieder eine große Hilfe. Dafür ein fettes Danke!

Auch meinen lieben YouTube Kolleginnen bin ich sehr dankbar. Vor allem die gemeinsamen Gespräche Ende 2016 haben mich erst auf die Idee gebracht, dass sich aus **#NURWASICHMAG** tatsächlich eine Methode entwickelt hat, die sich in einem Buch verbreiten lässt. Deshalb natürlich auch ein herzliches Dankeschön an euch!

Ein großes Danke geht an meine Freunde und Kollegen, weil sie sich bereit erklärt haben, meine Gedanken anzuhören und mir gutes Feedback dazu zu geben. Außerdem haben einige von euch sich als Testleser zur Verfügung gestellt und das bedeutet mir wirklich sehr viel! Danke für eure Zeit, eure Mühe und eure hilfreiche Kritik.

Meiner Mama möchte ich an dieser Stelle natürlich auch danken. Sie ist absolut immer für mich da und sie hat mich mein Leben lang ermutigt meinen eigenen Weg zu gehen. Durch sie habe ich gelernt, dass ich jede Hürde nehmen kann und wenn ich ein Buch schreiben möchte, dann kann ich auch das! Danke für deine bedingungslose Liebe und dein Vertrauen in mich.

Ein ganz besonderer Dank gilt auch einem ganz besonderen Menschen in meinem Leben. Mein Mann hat mein Chaos so viele Jahre ertragen und mich bei jedem meiner Schritte unterstützt. So viele Kisten haben wir gemeinsam geschleppt, um die Altlasten endlich loszuwerden. Meine Launen und Verzweiflungen während dem Wandel hat er auch ertragen und jetzt können wir beide das Ergebnis genießen. Ich danke dir für deine Geduld mit mir, deine Liebe und deine Unterstützung.

Außerdem auch ein Danke an dich. Danke, dass du dir die Zeit für dieses Buch genommen hast und so ein Teil von **#NURWASICHMAG** geworden bist.

Alles Liebe, Sissi ♡

Raum für deine Gedanken